Highway Safe Design Guide

公路安全设计指南

何　勇　等　编著

人民交通出版社

内 容 提 要

《公路安全设计指南》是我国和荷兰在交通领域的合作成果之一。本书共分 10 章，阐述了可持续安全的公路设计的基本原则以及事故多发路段的预测、安全公路设计的要求、交通工程及沿线设施的可持续安全设计要求，并针对营运公路提出了事故多发路段的鉴别方式及相应的安全改善措施；对比分析了公路项目安全措施的费用和效益；强调了从道路交通参与者——人的方面改善公路安全的重要性，论述了教育和执法的形式和作用。

本书可作为广大公路建设者的设计参考资料以及相关专业学生的学习资料。

图书在版编目（CIP）数据

公路安全设计指南 / 何勇等编著 . -- 北京 ：人民交通出版社，2011.12

ISBN 978-7-114-09318-0

Ⅰ. ①公… Ⅱ. ①何… Ⅲ. ①公路 – 安全设计 – 指南 Ⅳ. ①U412.36-62

中国版本图书馆 CIP 数据核字（2011）第 156564 号

书　　名：公路安全设计指南
著 作 者：何　勇　等
责任编辑：沈鸿雁　周　宇
出版发行：人民交通出版社
地　　址：（100011）北京市朝阳区安定门外外馆斜街3号
网　　址：http：//www.ccpress.com.cn
销售电话：（010）59757969，59757973
总 经 销：人民交通出版社发行部
经　　销：各地新华书店
印　　刷：北京交通印务实业公司
开　　本：787 × 1092　1/16
印　　张：8.75
字　　数：203千
版　　次：2011年12月　第 1 版
印　　次：2011年12月　第 1 次印刷
书　　号：ISBN 978-7-114-09318-0
印　　数：0001-2000册
定　　价：30.00元
（有印刷、装订质量问题的图书由本社负责调换）

前　言

《公路安全设计指南》是我国与荷兰在交通领域的合作成果之一。此项合作是在我国交通运输部和荷兰交通、公共工程及水利部签署的交通领域合作谅解备忘录的背景下进行的。荷兰在可持续安全公路设计方面有着比较丰富的经验，其在20世纪90年代提出的“可持续安全”的理念，被认为是工业化国家最具创新和最成功的方法之一。在目前我国公路安全问题仍十分严峻的情况下，开展此项合作具有重要的现实意义。

本指南正是在此背景下，由交通运输部公路局组织交通运输部公路科学研究院、北京交科公路勘察设计研究院有限公司的相关专业人员编写完成的。2006年11月，在原交通部公路司的组织下，来自荷兰交通、公共工程及水利部公共工程及水运管理总司的专家与中方有关专业人员就可持续安全公路的设计进行了交流，对中方编写组编写的《公路安全设计指南》的具体内容进行了研讨。本指南编写组结合荷兰专家的意见对该指南进行了补充和完善。

本指南在“可持续安全”的理念下介绍了安全公路的设计理论和方法，希望有助于提高我国公路从业人员的安全设计意识和树立“预防优于改造”的理念。本指南共分10章，第1章为概述；第2章阐述了可持续安全的公路设计的基本原则以及事故多发路段的预测；第3章至第6章分别从公路的几何设计、横断面和路侧设计、桥梁隧道等构造物设计以及路线交叉设计等方面论述了安全公路设计的要求；第7章为交通工程及沿线设施的可持续安全设计要求；第8章针对营运公路提出了事故多发路段的鉴别及相应的安全改善措施；第9章对比分析了公路项目安全措施的费用和效益；第10章主要论述如何从道路交通参与者——人的方面改善公路安全，说明了教育和执法的形式和作用。

本指南可作为广大公路建设者的设计参考资料，在具体应用时应结合项目所在地区的地理地形特点、区域特征、文化背景等，提出符合“可持续安全”观念的设计方案。

本指南主要由刘会学、杨峰、孙智勇、宋玉才、葛书芳、赵妮娜、何勇、杨文静、唐忠华、张建军等编写（依章节顺序和工作量排序），由何勇、李爱民审校。交通运输部公路局陈胜营、李春风、张建军、周荣峰、吴春耕等对本指南的编写提出了大量宝贵建议；荷兰运输研究中心Arjen Reijneveld，G. Schermers，J・Boender，H. Kwint，F. Verweij，H. Moning和YuSen Chen等专家对本指南的编写给予了咨询指导。书中引用了荷兰《公路安全设计手册》大量资料，不少同事直接或间接对本指南的最终出版给予了大力支持，在此一并表示衷心感谢。

编　者

2011年6月

目　　录

1 绪　论

1.1 我国公路安全状况

1.1.1 我国公路运输事业概况

近二十多年来，我国公路基础设施建设持续高速发展。至 2010 年年底，全国公路网总里程达 398.4 万 km，其中高速公路里程达 7.4 万 km(图 1-1)。2009 年年底，全国公路密度达 41.94km/100km^2，二级及以上公路里程为 44.5 万 km，约占公路总里程的 11.2%。公路交通对国民经济发展的制约得到有效缓解，在综合交通运输体系中的地位和作用进一步加强。

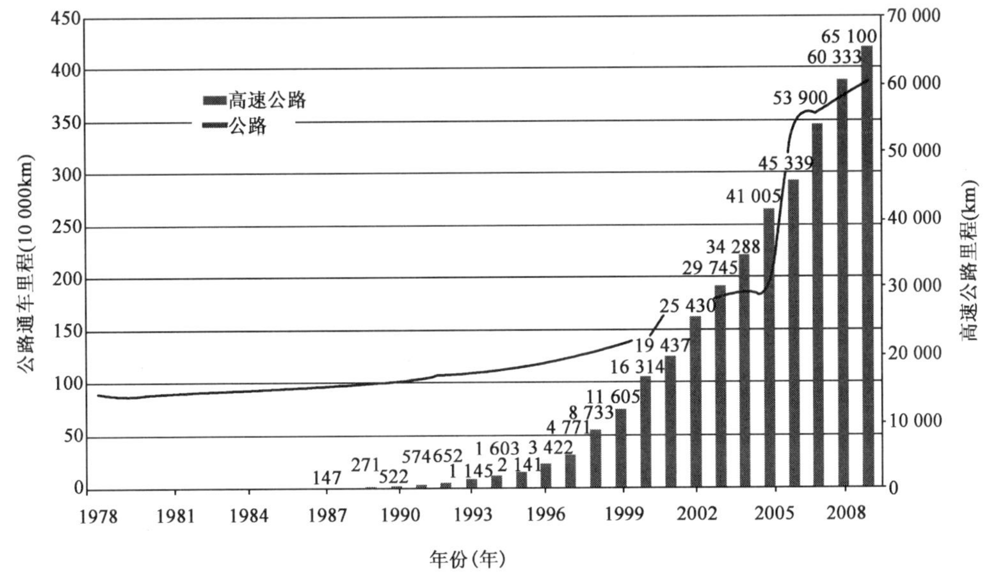

图 1-1　改革开放以来全国公路交通发展历程(1978～2009 年)

改革开放以来，我国机动化水平增长趋势与 GDP 增长趋势基本一致(图1-2)。机动车保有量年均增长 17.86%，略高于同期 GDP 年均增长率。其中汽车保有量年均增长 14.90%，汽车驾驶人总量年均增长 15.88%。截至 2009 年年底，全国机动车保有量达到 1.86 亿余辆。随着机动车保有量的迅速增长，我国机动化水平也迅速提高。改革开放初期，我国千人拥有机动车数量仅为 2.80 辆。2009 年年底，我国千人拥有机动车数量已达 139.8 辆，年均增长 14.5%(表 1-1)。

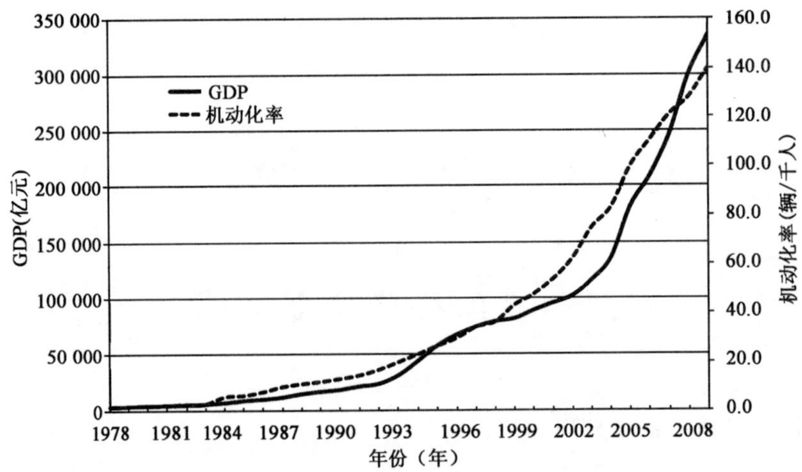

图 1-2 改革开放以来全国机动化水平与 GDP❶增长趋势(1978～2009 年)

改革开放以来机动车保有量增长情况　　表 1-1

指　　标	1978 年年底	2009 年年底	年均增长率(%)
机动车保有量(万辆)	158.87	18 658.07	17.86
汽车保有量(万辆)	135.84	7 619.31	14.90
汽车驾驶人(万人)	192.45	13 820.39	15.88
机动化率(辆/千人)	2.80	139.80	14.50

随着机动车保有量的增加和汽车逐步进入家庭，与改革开放初期相比，我国机动车驾驶人构成发生了巨变。

1978 年，我国汽车驾驶人数量为 192.45 万人，其中绝大多数为职业驾驶员，肇事驾驶人中职业驾驶员占主导地位。2009 年，我国全国机动车驾驶人数量达到 199 765 889 人。其中，汽车驾驶人为 138 203 911 人，占驾驶人总数的 69.18%，是汽车保有量的 1.81 倍。从驾驶人驾龄看，3 年以下驾龄的驾驶人有 69 433 158 人，占驾驶人总数的 34.76%；驾龄不满 1 年的驾驶人有 20 888 254 人，占全国机动车驾驶人总数的 10.46%。目前，机动车驾驶人中职业驾驶员已不占主导地位。2008 年，自用车辆肇事已占事故总数的 58.72%，生产经营车辆肇事占事故总数的 34.35%。

在此时期，我国道路运输市场同样保持快速增长。到 2010 年年底，我国营运客货车辆达 1 143 万辆，较 2005 年增长 56%；2010 年公路客货运量为 2005 年的 1.8 倍。

1.1.2 我国公路安全状况

改革开放以来是我国经济社会发展最快的时期，同时也是道路交通事故造成死伤人数最

❶指 GDP 绝对增长率，余同。

多的时期(图 1-3)。1978～2009 年,全国道路交通事故死亡人数累计达 2 009 757 人,另有累计 7 532 477 人受伤,分别占新中国成立以来道路交通事故死亡总数和受伤总数的 92.46%和 91.53%。

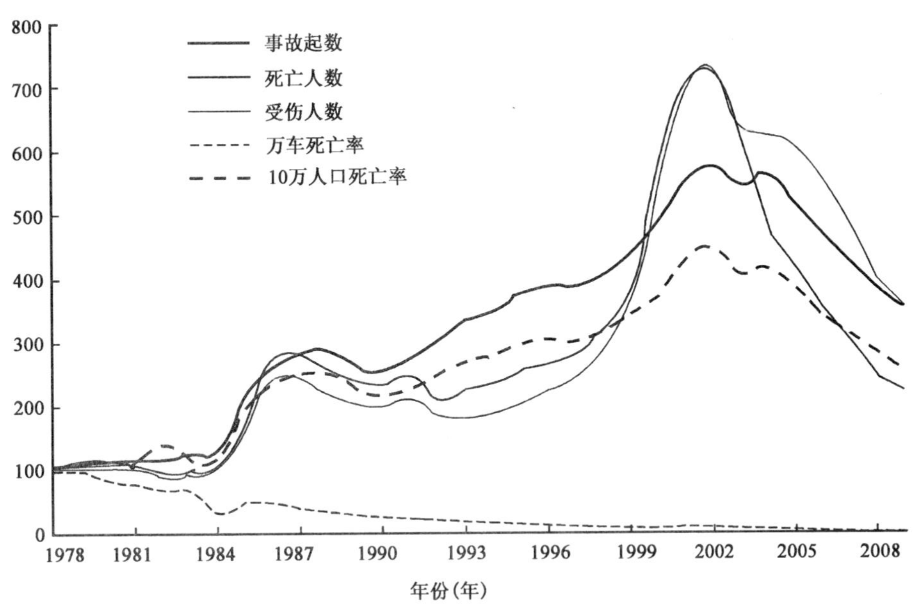

图 1-3　改革开放以来我国道路交通事故变化趋势(假定 1978 年为 100)

1978～2002 年是我国道路交通事故增长最快的时期。交通事故最高峰的 2002 年与改革开放初期相比,道路交通事故数量增长 6.21 倍,交通事故死亡人数增长 4.73 倍,受伤人数增长 6.26 倍。

2002 年以后也是我国道路交通事故降低(2004 年呈小幅增长)最快的时期。2009 年与 2002 年(最高峰)相比,道路交通事故数量降低 69.17%,死亡人数降低 38.05%,受伤人数降低 51.05%。2009 年道路交通事故死亡人数与 1994 年相当,但与改革开放初期相比仍有较大的增长,其中道路交通事故事故起数、死亡人数、受伤人数分别比 1978 年增长 122.24%、254.83%和 255.13%。

改革开放以来机动车保有量虽然在快速增长,但道路交通事故万车死亡率一直呈现快速下降的趋势。2009 年万车死亡率为 3.6,仅为改革开放初期的 3%;而由于我国人口增长趋缓,10 万人口死亡率变化趋势与道路交通事故死亡人数变化趋势一致。

虽然交通事故呈现了快速下降的趋势,但是由于我国交通事故总量较大,即使下降幅度明显,2009 年仍然造成 67 759 人死亡、275 125 人受伤。纵观 1970 年至今世界上道路交通事故死亡人数较多国家的死亡人数变化情况,可以发现我国在 1986～1988 年、1992～1995 年和 1999～2005 年道路交通事故死亡人数居世界第一位。2006 年以来,虽然印度超越我国成为世界上道路交通事故死亡人数最多的国家,但我国仍然处于世界第二位(图 1-4)。我国道路交通事故死亡人数基数仍然较大。

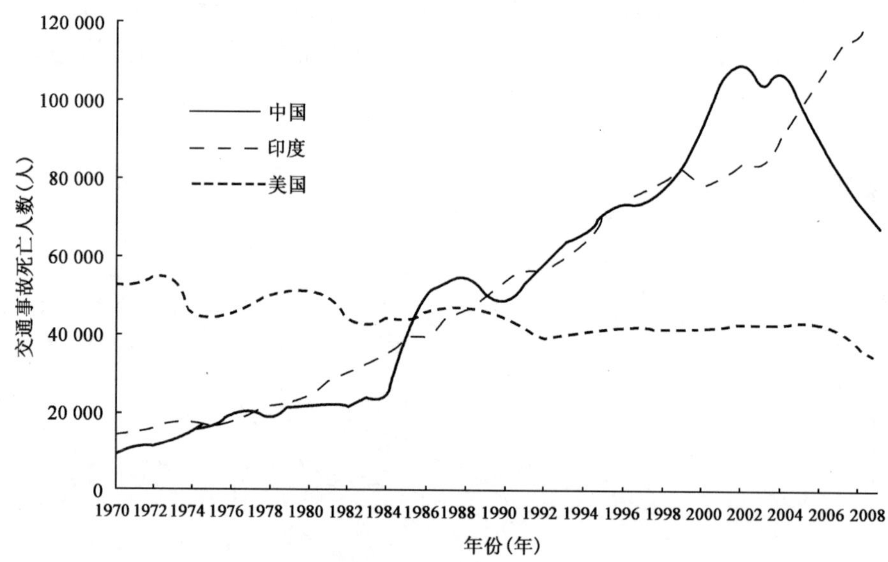

图 1-4　中国、印度和美国道路交通事故死亡人数变化情况(1970～2008 年)

资料来源:公安部交通管理局《中华人民共和国道路交通事故统计年报(2008 年度)》;
美国运输部 TRAFFIC SAFETY FACTS 2008;
印度内政部 ACCIDENTAL DEATHS & SUICIDES IN INDIA 2008。

1.2　影响公路安全的主要因素

导致交通事故的原因是多方面的,人、车、路、环境是公路运输系统的重要组成部分。这四大因素直接影响着公路运输的安全性,而交通事故从根本上说是由人、车、路、环境组成的系统失去平衡所引起的。

公路交通系统是由人、车、路、环境构成的动态系统。系统中驾驶人从道路交通环境中获取信息;这种信息综合到驾驶人的大脑中,经判断形成动作指令;指令通过驾驶操作行为,使汽车在道路上产生相应的运动;运动后,汽车的运行状态和道路环境的变化又作为新的信息反馈给驾驶人。如此往复,完成整个行驶过程。正因如此,人、车、路、环境被称为道路交通系统的四要素。协调的四要素便构成安全、快速、经济、舒适的交通环境。

美国的 Treat 和英国的 Sabey 经过对大量事故的深入研究得到以下结论,见表1-2、表 1-3。

各因素对事故的影响　　表 1-2

因　素	事　故　前	事　故　中	事　故　后
人	安全教育、培训、开车或行走态度等	车内的位置和坐姿	紧急救援情况
车	安全设施、车速、车辆的视野、车流量等相关因素	车辆防撞结构、安全带等	施救
道路及环境	道路标志标线、几何线形、路面材料、道路视距、道路等级、道路配套设施、天气情况等	道路设施(防护栏、避险车道等)	受损道路设施的修复

各因素对事故的影响程度(单位:%) 表 1-3

原 因	Treat 结论	Sabey 结论	原 因	Treat 结论	Sabey 结论
单纯路(含环境)	2	3	路(含环境)和人	24	37
单纯人	65	57	人和车	4	6
单纯车	2	2	路(含环境)和车	1	1
			人、车、路(含环境)共同	1	3

从表 1-2、表 1-3 中可以看出,交通事故往往不是某一独立因素引起的,而是由 2 个或 3 个因素共同作用的结果,其中与道路有关的原因占 28%~44%。以上数据是道路条件及养护水平均高于我国的英、美等国分析的结果。前苏联专家季沃奇金经过对境内 I~V 级公路上的约 13 000 起道路交通事故地点的特征分析后得出结论:不良道路条件的影响是 70%道路交通事故发生的直接或间接原因。欧洲联合经济委员会对预防道路不幸事件的研究结论亦相同:70%道路交通事故是由于道路的缺陷所致。

1.2.1 人的因素

人是公路安全系统中最活跃的因素,具体又包括公路规划设计者、驾驶人及其他公路使用者和公路交通运营管理者。人的因素渗透在整个系统的各个方面,影响着其他因素的作用发挥。因此,解决公路安全问题的根本指导思想是以人为本。

(1)公路规划设计者

公路规划设计者的专业技术水平、社会责任感和公路安全意识直接影响到道路设施的质量,是公路安全的内部潜在因素。

(2)驾驶人和其他公路使用者

道路使用者是公路运输活动的直接参与者,绝大多数的交通事故都与道路使用者有关。有关研究表明,因机动车驾驶人的过失造成交通事故的占 87.5% ,非机动车驾驶人占4.7%,行人、乘客占 5.19% ,其他人员占 2.63%。

驾驶人是导致道路交通事故的主要因素。由驾驶人自身引起的事故原因又分为直接和间接两类,直接原因有驾驶人的感知不准、反应不当、判断失误等,间接原因又包括驾驶员生理和心理状况异常、交通法规意识淡薄和驾驶经验不足等。

另外,非机动车骑乘人员和行人缺乏交通安全意识,自我防范意识差,无视交通规则(如在非人行横道横穿公路、与机动车辆抢行等)也往往会导致交通事故。

(3)公路营运和管理者

公路营运和管理者的职业道德和执法管理水平在一定程度上影响着人们的交通行为,并直接关系到整条公路的交通安全运营状况。

1.2.2 车的因素

车辆技术状况不良是导致恶性交通事故的重要诱因之一。车辆技术状况不良主要指车辆制动和转向装置、前后桥、车轮、灯光、喇叭、仪表等有故障以及漏油、漏气、漏水,使车辆的技术性能变差，影响行车安全。提高车辆安全技术标准，加强车辆信息智能化，对改善公路安全状况意义重大。

1.2.3 路的因素

道路是公路运输的载体，道路等级、路面状况、平纵线形及组合、道路的断面构成、交叉口、互通、构造物、路侧净空以及交通工程设施在客观上都是影响公路交通安全的因素，需综合合理设计各种因素才能消除其对安全的潜在影响。

1.2.4 环境的因素

人、车、路存在于周边环境中，与环境共同构成公路运输系统。环境的概念是广义的，它包括：

(1)交通环境

在道路因素和交通管制相同的条件下，车辆在道路上运行的交通环境对安全有重大影响：通常交通事故数随交通量增加而增加；在同一路段和时间段运行的车辆类型多，速度差别大，会导致交通流的紊乱，发生交通事故的概率增大；道路上车辆分合流频繁的地区也往往是事故多发段。

(2)气候环境

天气也对交通安全有重要影响。气候条件往往会影响路面状况，影响驾驶人正确判断的能力，增加驾驶难度，比如在雨雪天、雾天等恶劣天气条件下，行车安全系数会随之下降。

(3)管理环境

有关交通管理的法律法规及安全体制是否健全且能被有效执行直接影响着公路交通安全。有些现行的法律法规相对滞后，管理条块分割和冲突现象仍然存在；道路交通管理和路政管理人员思想素质和业务素质参差不齐，这些社会现象也在一定程度上影响交通安全水平提高。交通安全教育缺少全面系统性，目前尚局限于交通管理部门。全民交通安全教育的局面尚未形成也是影响我国公路安全问题的因素之一。

1.3 解决公路安全问题的对策

从发达国家和地区间的交通事故发展趋势可以看出，随着机动化社会的到来，交通事故往往经历一个高峰期；但随着交通安全问题受重视程度提高，采取一定的措施后交通安全事故是可以预防的。英国在20世纪80年代初提出了安全性评价的概念；瑞典提出了“零”死亡概念的构想；美国提出了战略公路安全计划；日本1970年通过了交通安全对策基本法，并从1970年开始制定五年一期的交通安全规划。这些行动都有效地减少了交通事故数和伤亡人数。

荷兰在20世纪提出的“可持续安全”的理念，被认为是在工业化国家最具创新和最成功的方法之一。荷兰自实施可持续公路安全策略以来，交通安全状况得到极大改善。图1-5为荷兰小汽车数量、车辆行驶里程和死亡人数对照图。

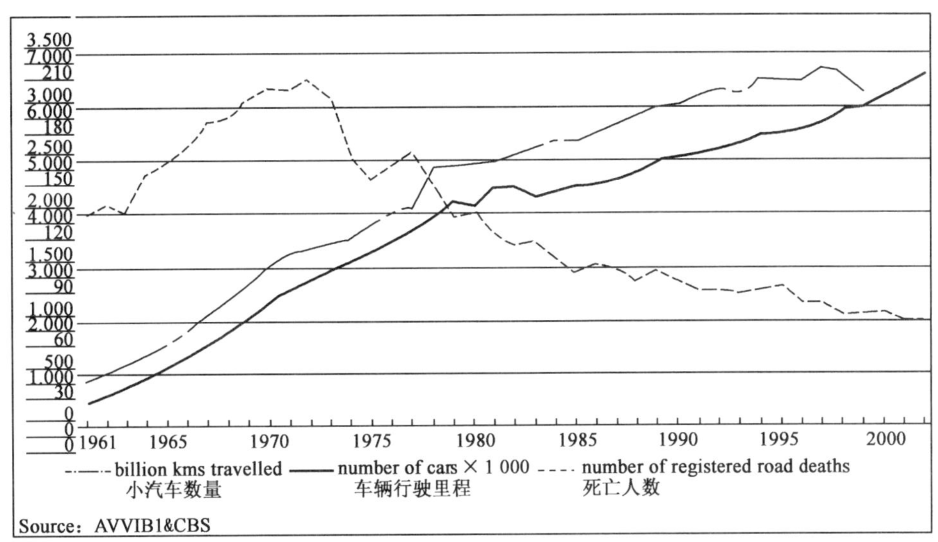

图 1-5 荷兰小汽车数量、车辆行驶里程和死亡人数对照图

1.3.1 解决公路安全问题的指导思想——可持续安全

荷兰在 20 世纪 90 年代初提出了“可持续安全”的理念，表达了希望建设安全公路交通系统的意愿。可持续安全的目的是避免给下一代带来交通事故后果的负担。在“可持续安全”的理念指导下，解决公路安全问题的方法和以往的方法相比主要有以下特点。

(1)综合性

在很多国家，公路安全政策都具有较强针对性。它是以选择和分析事故黑点、特别关注弱势公路使用者(行人、骑自行车者)或主要事故类型(超速、酒驾)等为基础的。一些国家的实践证明，这种针对由于基础设施不完善等原因造成的高事故率情况的安全政策，在减少事故和死亡人数方面取得了显著成果，能产生效益投资比最大的效果。

然而对于另外一些国家来说，已经采用了基本的、有针对性的措施，并取得了成效，伤亡人数正持续下降，要想获得进一步的持续性安全，就必须以人、车和基础设施之间的相互作用为基础，建立一套更综合的方法。由荷兰提出的“可持续安全”理念，就是通过工程、执法、教育三方面的途径综合解决安全问题，目的在于全面提升道路的安全水平，创造良好的安全运输环境。公路安全要素如图 1-6 所示。

(2)主动性

促进公路安全应该是每个公路管理机构首先需要解决的问题。一般情况下，事故或死亡人数相对多的情况容易成为焦点，因此通常的交通安全策略是根据以往的经验和道路交通事故的统计数据，对于建成道路，找到交通事故频繁发生的地点，进行事故规律和原因分析，进而通过工程和管理手段实施改善。这是典型的被动安全的策略。尽管实践证明被动安全策略能显著地降低交通事故数量和事故死亡人数，产生效益投资比最大的效果，但它也存在着一定的局限性，很难从根本上消除安全隐患。

可持续安全理念解决安全问题的方法是主动的，其核心思想是预防优于改造，通过各种手段有效避免交通事故的发生，而不是在交通事故发生了以后才采取工程补救措施，真正做到防患于未然。在“可持续的安全交通”理念下，道路安全应成为建设道路基础设施中的优先指标，这样一方面由于设计原因而产生的事故概率会大幅度降低；另一方面即使事故仍然发生，产生严重或死亡事故的概率将会降为最小。

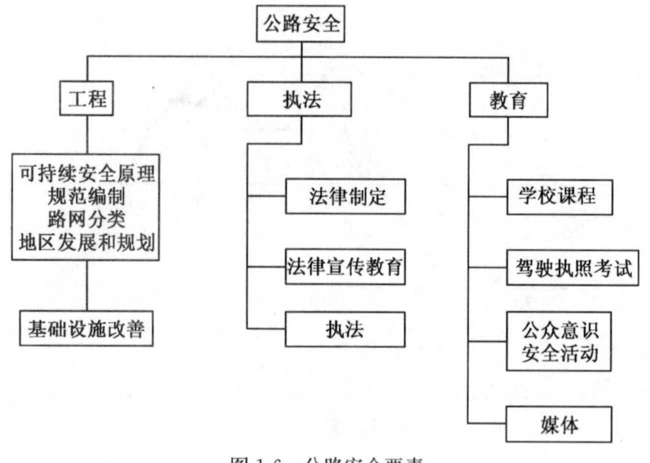

图 1-6　公路安全要素

1.3.2　解决公路安全问题的流程

解决公路安全问题的方法主要有针对未营运公路的主动安全法和针对运营公路的被动安全法。两者的区别在于，被动安全方法是从事故记录入手，发现问题并分析找到问题的原因，进而采取措施改善；主动安全则是在问题出现前就预料到问题，提前采取措施，做到防患于未然。

1.3.3　解决公路安全问题的措施

在可持续安全的理念下，解决公路交通安全问题是以人、车和基础设施之间的相互作用为基础，从人、车、路方面入手，采取综合措施以取得可持续的交通安全环境。

(1)人的方面

人是公路安全运输系统中的主导和核心。解决安全问题应当以人为本，从人的利益出发，发挥人的积极性、能动性。

对公路规划设计者，应当给予安全规划设计教育，以加强其安全意识，提高规划设计安全水平，严把规划设计技术质量关，避免公路因人为设计不合理而带来的安全隐患。

对各种道路使用者，应当加强安全法规教育，使其增强安全意识和社会责任感，减少交通违法行为；还应规范驾驶人培训市场，加强驾驶人从业资格管理，提高驾驶人素质和技术水平。

对公路营运管理和执法者，也应当加强管理，使其增强安全意识，提高管理和执法水平，从而保证正常的交通秩序。

(2)车的方面

提高车辆技术状况和安全技术标准是解决公路安全的重要措施，在“智能运输系统”(ITS)技术发展的背景下，提高车辆的智能化也备受关注。未来的汽车将成为各种尖端电子技术的载体，安全技术将成为 ITS 的关键组成部分，汽车的“主动”与“被动” 安全项目会不断增加。目前，除了应用防抱死制动装置、安全气囊、安装高位示警停车灯、CSR 大灯（复杂路面折射灯）、转弯指示灯、防水玻璃、四轮转向、车速及牵引力控制装置、无线电呼救信号系统和吸能车身结构等技术外，主要围绕下面三个领域进行开发：一是信息安全技术，该技术将向驾驶人提示潜在的危险；二是控制安全技术，该技术将帮助驾驶人减少事故机会，使汽车听从驾驶人的指挥；三是冲撞安全技术，该技术将减少事故发生后的人员伤害率。

（3）路的方面

在公路规划阶段，对交通安全影响最大的是土地利用规划能否和公路规划性质和功能保持一致。目前，我国一些公路城镇街道化现象严重，道路功能不明确，给交通安全留下了隐患。再者，能否正确合理预测交通量也是保证未来交通安全的重要因素。我国很多公路实际运行的交通流量往往是设计通行能力的几倍。如路段长 38.5km 的京津塘高速公路北京段，自1991 年开通以来至 2005 年年底，共发生交通事故 4 320 起，伤 1 072 人，亡 219 人，其中一项主要原因就是实际车流量是设计车流量的 3 倍，公路超负荷运转。

在公路设计阶段，技术指标设计的合理与否会影响行车安全。安全应当作为公路设计的因素。设计人员在规划设计中始终要贯彻以人为本的理念，为道路使用者提供安全、快速、便捷、舒适的公路交通基础设施。

在安全审查、评价阶段，要从用户的角度出发，寻找公路设计本身潜在的安全隐患，追根溯源，防患于未然。

在公路运营阶段，要加强公路养护和维修，加强对超重车辆的治理，保持良好的路况，以利于公路安全行车。

1.4　本书内容介绍

可持续性安全是一个综合性的社会课题，其内涵丰富，包括以下几方面内容：

（1）公路、城镇和环境规划的协调。

（2）满足安全公路设计的要求。

（3）和交通机动化的要求相协调。

（4）加强公路交通安全法律的教育和执法力度。

这四个方面是相互补充的，通过相互作用来提高交通安全水平。在任何与交通运输有关的活动中，安全是必须考虑的因素。

本指南是中荷交通技术领域合作的重要内容之一，由交通运输部公路局组织编写，主要是在“可持续安全”的理念下重点介绍安全公路的设计理论，用于提高我国公路从业人员的安全意识，树立“预防优于改造”的理念，以便在设计阶段消除安全隐患，全面提高我国公路的安全水平。

在图 1-6 中所涉及的几个要素中，本指南将主要讨论可持续安全的工程方面的原理，重点是与公路安全有关的公路设计方面，特别考虑设计标准、事故分析和成本效益分析方面的问题。关于教育和执法在可持续安全方面所起的作用，在本指南中涉及较少。

本指南所提供的信息包括设计建议在内并不是对所有的情况均有效，在具体应用时，应结合项目所在地区的地理特点、文化背景来提出适当的解决方案。

2 安全公路设计理论

可持续发展是当今世界备受关注的发展理念，其含义是既满足当代人的需要，又不对后代子孙的需求构成危害。它要求人类在发展经济的同时，使人口、经济、社会、自然资源与环境相互协调。在公路设计中贯穿可持续发展的思想，从而实现公路的可持续安全，是由荷兰提出并用于实践的公路安全运输的理念，其根本思想是通过减少可以避免的交通事故带来的损失，来避免或减少随着机动车交通需求的增长而带来的交通事故对后人的不良影响。

2.1 可持续安全的公路设计理念

“可持续安全公路设计”理念的出发点是以人为本，通过改进基础设施的设计来大幅度降低交通事故发生的可能性。此外，在交通事故发生时，应尽可能地使交通事故的严重程度降至最低。

可持续安全的公路设计的基本理念是公路设计应当以“人”(即公路使用者)的生理、心理特性和需要作为参考标准，考虑各个层次不同的人群，充分体现人性化。一个可持续的、安全的公路运营环境应具有下列特点：

(1)公路设施应通过合理的设计来适应人的驾驶能力。

(2)车辆应尽可能具有简化、降低人的操作强度的功能(装备)，并尽可能有效地保护交通弱势群体。

(3)公路使用者应当受到充分的教育，能得到准确的信息，能力应达到一个规定标准，在任何情况下都要意识到道路交通安全的重要性。

实现可持续安全的关键在于系统地、相互协调地应用各项安全设计原则。

公路设计应“以人为本”，即应充分考虑公路使用者的生理和心理方面的局限性。在可持续安全的公路交通环境下，整个公路交通系统的设计都要以公路使用者的局限性和能力为根本出发点，以达到预防交通事故的发生，并使交通事故的后果降至最低的目的。

2.2 可持续安全公路设计的基本原则

可持续安全的基础是系统化的方法论。公路运输系统被认为是交通参与者、道路设施、车辆和环境构成的一个复杂系统，而交通参与者是其中的主导因素。其各组成要素应当满足下述条件：

(1)公路设施：基础设施应适应公路使用者的生理和心理局限性要求。

(2)车辆:装备技术应能简化驾驶任务。

(3)公路使用者:能获得良好的信息并受过适当的教育。

(4)立法和执法环境:可以保障安全的驾驶行为。

公路安全的所有要素和运输系统之间相互作用实现了公路运输系统功能。这种相互作用宏观层次是人、车、基础设施和法律之间的相互协调,微观层次是功能、形式和用途之间的统一和相互协调(图 2-1)。

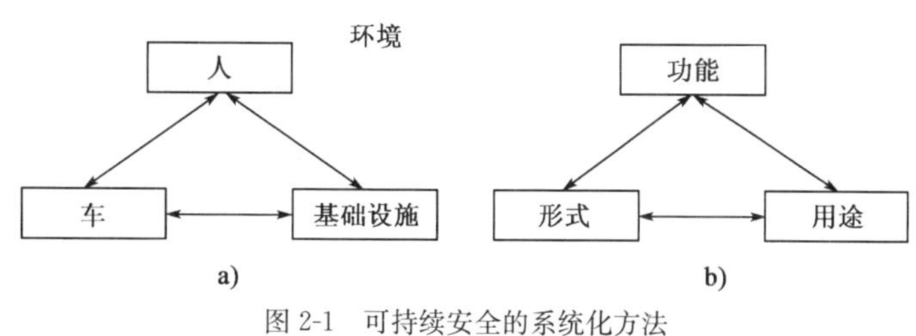

图 2-1 可持续安全的系统化方法

a)宏观层次;b)微观层次

(1)功能:公路管理部门规划设计规定的公路设施的等级和作用。

(2)形式:公路设施的物理设计和分布特点。

(3)用途:基础设施在实际使用中的作用和用户使用基础设施时应遵守的法规要求。

在系统的观点下,这些要素必须按可持续安全的框架进行调整,在性能、形式、法规和用途之间寻求协调。采用每类公路的形式需要与其功能相一致的设计,以保证最佳安全性。为满足安全需求,应使所有种类的公路能满足功能性、协调性和可预测性的要求:

(1)功能性:交通量将按照设想分配到公路网络上,在实际使用中各类公路应和其所设计的交通功能相符。

(2)一致性:应避免在速度、行车方向和车辆质量方面的巨大变化。在同一时间使用同一路线或路线交叉口的各运输形式之间的速度差、车辆质量差应减至最低。

(3)可预知性:应避免公路使用者之间的不确定性,交通状况应可以预知,公路使用者应能正确预知公路环境条件和线形变化。

2.2.1 功能性

公路系统的功能性非常重要。公路的实际使用功能应与公路管理部门的规划和设计相一致。公路网内部的各条公路各有不同的功能,按其各自等级和职能划分应具有三大交通功能:

(1)直达功能:车辆能快速、不中断地移动。

(2)集散功能:交通流能到达或离开不同区域和居民区。

(3)支线功能:提供入口,在保证街区道路安全的同时,车辆能到达和驶离居民区、商业区、车场等。

对应这三种功能的公路分别是干线公路、集散公路和支线公路或地方公路。这三类公路构成了整个公路网络体系。其中,平面(立体)交叉是实现路线转换的设施。公路连接线用来实现交通流的畅通,允许车辆停靠和转向。直达公路一般不应有平面交叉口,而应设置互通立体交叉来保证交通流的连续畅通。

公路网络中公路的职能应清晰划分。换言之，“直达交通量”或长途交通量不应出现在支路上，本地交通量也不应出现在具有干线功能的公路上。这种要求应体现在公路的具体规划设计中。支路不应成为直达交通量（即前往或驶离目前所在地区的交通量）节约时间的可选路线，而具有干线功能的公路也不应提供直达居民区、学校、工厂和体育设施等处的通路。

图 2-2　G324 国道街道化示例

然而在我国目前实际情况中公路的功能往往不止一个，设计功能和实际使用用途不符，造成了不少安全隐患。如我国现有一些公路的部分路段城镇街道化严重，使这些公路具有了居住区街道功能，功能不再单一（图 2-2）。行人、玩耍的儿童、骑自行车者、停靠的车辆以及通过的车辆都在同一区域出现，不利于交通组织和交通安全管理。因此，在空间规划时就要尽可能将很多居民区联系起来，使居民区不被干线公路分开。

［资料阅读］

八达岭高速公路

八达岭高速公路是北京至张家口国道 G110 主干线的一部分，起于北京北三环马甸桥，终于京冀交界的康庄，全长 82km。八达岭高速公路主线是北京—拉萨国家高速公路的组成部分，是北京市的一条重要的对外放射线，也是通往西北的运输干线。这条路线顺畅连接北京与延庆，对于冀煤外运、内蒙古牛羊肉进京、张家口蔬菜的销售以及对北京卫星城建设和郊县科技园的开发起着重要作用。此外，八达岭高速公路从市区直达举世闻名的八达岭长城，是北京最繁忙的旅游路线，沿线的旅游风景区星罗棋布，包括八达岭长城、十三陵、居庸关、康西草原等。在居庸关长下坡路段，从 1998 年 11 月开通到 2003 年 9 月，共发生重特大交通事故 32 起，导致 62 人受伤，49 人死亡。短短 5km，平均每公里就死亡 10 人，所以这一路段被人们称作北京的“死亡之谷”。

从上述描述可以看出八达岭高速的双重定位，既是小车、客车为主的旅游线路，又是大车、货车为主的货运线路。而这两者的需求从建设到运营管理都是相互矛盾的。八达岭高速公路由于地处山岭重丘地形，因此设计时路线的一些指标不可避免地采用部分设计极限值。先天不足而又承担着互相矛盾的双重需求，加上严重的超载等多种原因的共同作用，决定了其必然的事故多发的宿命。

可持续安全公路交通功能性的概念要求去除所有的功能组合，使公路功能单一化，也就是说应使公路的类别为纯直达公路、纯集散公路或纯支线公路。功能较多往往导致有些设计要求和交通行为规则相互矛盾，进而引发较高的事故风险。

功能单纯性的要求体现在以下几方面：

(1)使公路使用者在不安全的公路上的出行时间最短，使每次出行主要发生在功能单一且安全的公路上。

(2)出行距离尽可能短。

(3)最短和最安全的路线应没有矛盾。

可持续的安全理念在功能性方面要求各公路使用者选择既对自己也对他人安全的路线，也就是说“直达”出行不可以穿越居民区。

2.2.2 一致性

公路事故的严重程度通常是由速度、方向和车辆的质量决定的。从世界范围讲，如果将每公里的伤亡人数作为指标，那么高速公路是最安全的公路，因为尽管运行速度最高，但其相对均衡，行车方向和车辆的质量变化很小(如无横穿交通量，无行人、骑自行车者、机动自行车或慢速车辆)。在速度小于 30km/h 公路和居民街区，尽管交通参与者的方向和车辆质量变化较大，但相对也比较安全，这是因为车辆的行驶速度较低、不同的公路使用者之间的速度差变化较小。

速度是公路安全中的核心问题。行驶速度高，将导致较大的碰撞速度，因而产生更严重的伤害。行驶速度过高，提供给驾驶人处理信息的时间和反应时间减少，而制动距离变短，因而避免事故的可能性减少。简言之，速度过快会导致较多的事故发生，并伴随着更严重的后果。然而速度的高低并不是公路交通安全的单变量诱因，交通安全还受交通环境中车速之间的差异影响。速度之所以导致事故是因为它大于限速值，或高于当时与环境相适应的速度，而这种速度的差异是很难客观量化的。

介于干线公路和支路之间的公路需引起规划及设计人员特别注意，因为它们是最危险的。这些公路具有集散功能，而车辆运行速度很高，有很多交织点。在这些公路上实施安全改善时，要求将机动车和非机动车区分开来(如独立的人行道和自行车道)。这就减少了交通速度和质量方面的差距。在机动车和非机动车交会处，应采取较低的限速值，或对交通流的行驶进行控制(如交通信号灯、环行交叉口等)。

交通一致性要求的提出主要缘于事故分析的结果。避免某些冲突、分离不同的车型可防止很多事故的发生。随着车速的降低和路侧的无障碍化，事故严重程度会大为降低。

交通一致性要求主要包括：

(1)应避免与迎面交通流的冲突。

(2)应避免与横穿交通流的冲突，特别是在平面交叉口处的慢速移动车辆。

(3)分离车型。

(4)降低潜在冲突点处的速度。

(5)避免沿行车道存在障碍物。

2.2.3 预知性

为防止公路使用者之间的不确定性，公路在建设、设置标志和标线时应使公路使用者明确公路上会发生哪些行为。换言之，公路必须具有“自我识别性”。为便于清晰地区分各公路类别，公路等级的数量应受到限制，同一类型公路的设计和设置标准应尽可能统一。这样公路使用者就会明确他们行驶在这样的公路上应采取哪些驾驶行为，也能更好地预测其他公路使用者的驾驶行为。对于具有“自我识别性”的公路，使用者将知道以多高的速度驾驶、如何预测来自其他公路的交通流、在公路上是否有骑自行车者等慢速交通对象。

(1)可识别性和可预知性要求

①通过清晰的线形设计和标志、标线的设置避免不可预测的行为;

②使公路类型能够被识别;

③限制每一类公路设计要素的数量并使其保持统一。

协调性要求的目的是使交通环境秩序化:统一措施、统一标志和标线的设置。对可持续安全来说,限制公路种类的数量非常有利于公路的种类识别,这样可以使不同种类的公路之间区别很大,而同一种公路内部之间区别很小。在可持续安全的交通系统中,人处于核心位置。人的行为(大部分)是不能预测的,对其行为的影响不能长期保持。因此在可持续安全系统下,以人作为参考对象,来考查其他的系统要素。

(2)可识别的公路类型

可识别的公路类型是指在可持续安全的交通系统中,公路使用者知道针对所在的公路应采取什么交通行为,从其他公路使用者处期望能获得什么信息。强调每种公路的可识别性可增加其可预测性。为保证正确的预知水平,应采取两个步骤:

①公路使用者必须能通过少量的设计要素来认识公路类型;

②根据所受教育和经验,公路使用者应该清楚与目前公路类型相联系的交通状况。

满足公路的功能、形式、用途的协调统一,即使公路设计满足功能性、一致性和可预知性的要求,以降低驾驶人的工作强度(或脑力强度),对驾驶行为产生积极的影响。对运营方面少量的要求就能保证交通情况的可预见性,这里包括连续的纵向公路要素:

(1)纵向路面标线。

(2)行车方向的分离。

(3)清晰的路面材料。

(4)设置车辆故障区域或无障碍物区域(如高速公路的紧急车道、爬坡车道等)。

(5)在同一公路类型内良好的交叉口类型。

上述情况是一种理想情况,是交通管理部门持之以恒的追求。在安全方面获得的一些实施经验也需要持续的评估和调整。公路管理部门应当认识到,树立"可持续安全"理念的过程是渐变的过程,上述理想情况需要很长时间的持续改造才能实现,这可能需要一两代公路人的持续努力。

[资料阅读]

荷兰不同功能公路物理特征

设计和环境对驾驶人预知性的影响是非常重要的。经过长时间的讨论和经验积累,荷兰道路管理局有以下几方面的设计经验:

(1)直达公路设计要求

①物理隔离(对向行车方向之间);

②设置紧急停车带;

③主路具有优先权;

④设置连续车行道边缘线(0.2m宽);

⑤无平面交叉口或有少量信号控制的平面交叉口。

(2)集散公路设计要求

①对向行车方向非物理隔离，中心采用双实(虚)线；

②主路具有优先权；

③非连续的车行道边缘线(3m 长实线，3m 间距，0.15m 宽)；

④有信号控制的平面交叉口。

(3)支路设计要求

①无中心标线；

②分离的自行车道；

③在有效果情况下设置具有优先权的交叉口；

④无车行道边缘线，在有效果情况下采用非连续的车行道边缘线(1m 长实线，3m 间距，0.1m 宽)。

2.3 荷兰公路分类

公路的设计应与其功能相适应，目前的高速公路和城市支路是很明确的。不过，集散公路的设计通常有很大的差异。在农村地区的直达公路上，高速行车是可能的；在连接公路上，限速值较低(特别是在交叉口处)；在支路上，限速值甚至更低。公路的设计应能使公路“自动”在规定的理想速度下运行。

目前，荷兰《公路安全设计手册》规定的公路分为有直达公路、集散公路、支路三类，现详细描述如下。

(1)直达公路

直达公路可分为两类(表 2-1，图 2-3)，但每一类有其本质的特征(每一类的设计应尽可能不同)。

I 类：高速公路；

II 类：快速干线公路。

直达公路的本质特征 表 2-1

I 类：高速公路	II 类：快速干线公路
限速值 100km/h 或 120km/h	限速值 100km/h
设计速度 120km/h	设计速度 100km/h(90km/h)
分离式互通立交	分离式互通立交
物理分离	物理分离
至少 2×2 车道	至少 2×1 车道，最大 2×2 车道
紧急停车带	紧急停车港湾和(或)半硬路肩
齐全的交通标志标线等设施	齐全的交通标志标线等设施

对干线公路全部进行物理分离造价较高。荷兰公路管理局采用分期实施的原则。图2-4为一实例：两条实线中间填充绿色材料。但这种设计与集散路很相似，将其区分开比较困难，

安全性较差。

a)

b)

图 2-3　荷兰居民区外的直达公路示例

a)I 类：高速公路；b)II 类：快速干线公路

图 2-4　荷兰两条连续实线中间填充绿色材料

(2)集散公路

集散公路也分为两类(表 2-2、图 2-5)，每一类也有其本质的特征(每一类的设计应尽可能不同)。

I 类：双向双车道公路；

II 类：双向单车道公路。

集散公路的本质特征　　表 2-2

I 类：双向双车道公路	II 类：双向单车道公路
限速值 80km/h	限速值 80km/h
设计速度 80km/h	设计速度 80km/h
车行道物理分离	行车方向非物理分离
优先通行公路，2×2 车道	优先通行公路，2×1 车道
电动自行车和自行车禁入，平行存在有自行车道或服务道路	电动自行车和自行车禁入，平行存在有自行车道或服务道路
交叉口设计为环行或设置信号灯的具有优先权的交叉公路	交叉口装备有减速设施或设计为环行交叉口
与支路的连接数量有限	与支路的连接数量有限
紧急停车港湾或半铺路面的路肩	紧急停车港湾和半硬路肩
非连续的车行道边缘线	非连续的车行道边缘线

a)

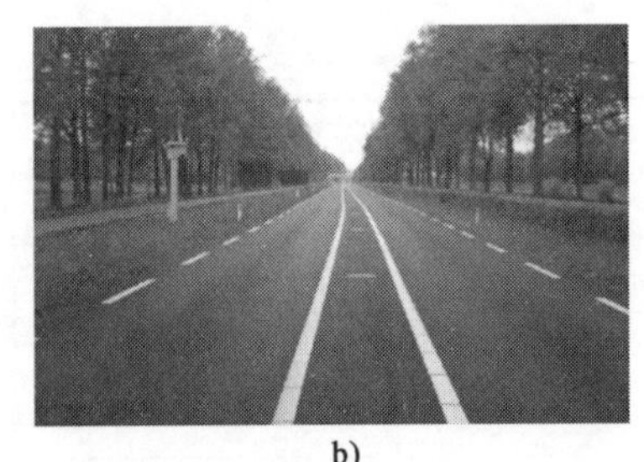

b)

图 2-5　荷兰居民区外的集散公路示例

a)I 类：双向双车道公路；b)II 类：双向单车道公路

(3)支线公路

支线公路的路面宽度为 2.5～6.00m。机动车辆的车道宽度(行车道中间)为 2.50～3.50m。路面宽度是指上述车道的宽度再加上两个非硬性规定的自行车道的宽度(非连续实线，无自行车的符号或象形图）。支线公路也分为两类，每类有其基本特征（图 2-6）。

I 类：车辆的车道与自行车道分开，有些有优先通行的交叉口；

II 类：所有公路使用者使用同一车道，无优先通行的交叉公路。

支路与集散公路的交叉口一般采用环行交叉口或三路、四路交叉口的形式。集散公路在交叉口前后 100m 处各设置了隆起的平台，支路交叉口处可以有选择地设置一个隆起的平台。

I 类支线公路设置了自行车道（非连续标线，红色路面）和隆起的平台（将车速降至 60km/h）。II 类公路无标线，但设置了半硬化的路肩。

a)

b)

图 2-6　荷兰居民区外的支路公路示例

a)I 类；b)II 类

2.4　荷兰公路路网分类

在几乎所有的国家，现有公路网络都是逐步形成的。例如，很明显某些村庄互相连接起来后形成了大的城镇。在很多情况下，村庄之间的连接公路变成了新城镇的一部分，而其原始功能并未丧失。因此，可以设想这个过程使公路的功能、设计和用途不能相互协调，现在的问题是：如何在合理的费用内将现有公路网络改造为可持续安全的公路网络。

在设计新路或改建现有公路时，公路安全是一个重要方面，此外还有公路线位走向、预算、公路功能、通行能力、环境等因素。在荷兰《公路安全设计手册》论述的可持续安全理论中，分类应作为“最优目标”，该目标必须预先和其他“目标”（如可达性、环境问题和道路规划等）一起考虑。按这种方式，不同的部门之间可以在不同的政策之间通过早期合作来获益。因此，通过对公路网络进行分类来实现可持续安全的想法可以一步一步地来实现。

当每一步中并非所有的情况都能完成时，这种阶梯式的计划可以认为是交互式的，可以再返回到上一步骤。这样，分类化的公路网络就形成了。在建立了总的网络后，就可以作出选择，并投入到运输计划或设计中。

依可持续安全理论建立最高层次的基础设施网络后，其中的每个公路网络必须实现三个基本功能，并允许每个公路使用者：

(1)能从起点到达终点（直达功能）。

(2)能到达并驶离有多个目的地的地区（集散功能）。

(3)能到达公路或街道旁边的居民区（支线功能）。

这样，一个公路网络就具有了如下三个功能（图 2-7）。

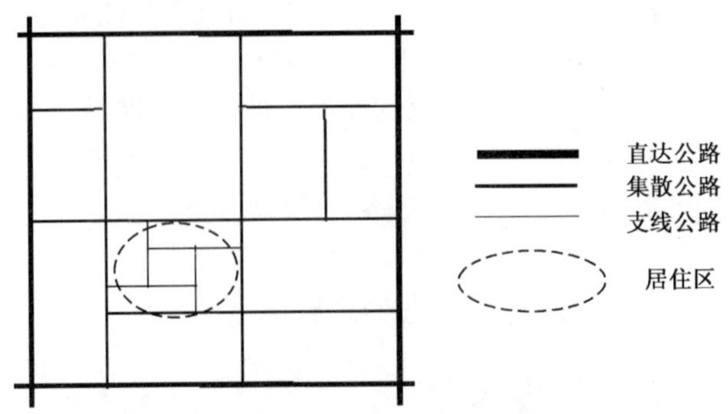

图 2-7 按照可持续安全理念建立的公路网络分类

(1)直达公路(直达功能):能保证长途交通的高速运转,通常交通量很高。

(2)集散公路(交通流和支线之间的转换):服务于含有分散目的地的地区和区域。

(3)支线公路(支线功能):能直接到达目的地或街道沿线的居民区。

一般情况下,公路和街道具有一个以上的功能,这种功能的组合使事故率上升。这也就是为什么在可持续安全的公路网络下每条公路只应拥有一个功能的原因。功能构成明确的公路网络如图 2-13 所示。

在公路的施工图设计阶段,公路的各路段与路线交叉相比,要实现不同的目的(表 2-3)。平面交叉口用于交通流的转换(允许行车方向的改变等),而公路路段主要是便于交通流的通畅。例外情况是支线公路,交通方式没有分离,速度较低,各类型的公路使用者都使用这些道路。具有直达功能的主要公路(高速公路)没有平面交叉口,但为实现交通流转换,采用了互通式立交的形式。

不同的公路类别上公路交叉口的用途 表 2-3

公 路 类 型	公 路 要 素	
	连接线	交叉口
直达公路	交通流	交通流
集散公路	交通流	转换
支路公路	交通流	转换

路网改造第一步是将公路加以分类,即每条公路必须只能实现一种功能。然后,根据设计标准来确定适当的设计。当给一条公路确定功能时,应根据三类公路来建立一个逻辑公路网络:交通流功能(直达公路)、集散功能(集散公路)和支路功能(支路公路)。

可持续安全首先从负责公路施工和养护的管理部门制订分类计划开始。第一步是就各公路的功能达成一致意见。这些分类计划的目的是将路网层次中公路等级的数量减少到 3 个(居民区外的区域)和 2 个(城市区内)。这些公路的设置最终必须能使其很独特并便于公路使用者识别(即“自我解释”公路的概念)。

不同种类专家的意见必须要综合起来,以便能建立一个框架,对未来建设的每条公路的功能进行规定。在这个计划中,一个区域内的每条公路只能指定一个功能,且这个功能要求已经确定。公路和街道的设计能满足相应的功能要求,这是一个关键步骤。

3 几何设计

3.1 简　　介

道路几何线形从空间来讲是一个三维立体线形，为设计方便，道路线形被分为平面线形和纵面线形。在道路几何设计过程中，做到平纵面线形的协调对获得道路的理想功能、道路景观和环境质量、道路的一致性和可辨识性是非常重要的。

线形设计与设计速度和行驶速度有关。设计速度目前被用来决定其他的设计要素，如平面和纵面线形的设计要素等。通过特定的车速和与之相一致的线形设计的结合，就可产生预期的交通状态。

道路线形设计合理与否，直接影响道路的交通安全。国内外研究表明，很多事故发生在长直线路段、陡坡急弯路段、连续弯道路段等，即线形设计存在缺陷的路段。在道路的实际运营过程中，也会发现很多的事故多发路段多存在明显设计缺陷，而几何设计的缺陷是主要因素之一。因此，在设计过程中应对线形设计的技术指标予以更多的考虑，不能机械地执行标准规范的条文规定，而应根据不同地区的特点和具体情况进行灵活运用。

我国部分地区道路路况较差、交通事故隐患多，特别是山区道路，线形指标较低，经常成为事故多发路段。除线形指标这一原因外，线形组合是一个主要问题。某些线形组合符合设计规范要求，但安全性却很差，因此，研究事故率与线形的关系在评价道路的安全性、如何有针对性地对不符合安全要求的线形采取有成效的改善措施具有重大的意义。

3.2 设计速度与运行速度

3.2.1 设计速度和运行速度的基本概念

设计速度(design speed)是指行车条件良好、公路设计要素均起控制作用的情况下，汽车在公路的特定路段上能保持的最高安全速度。设计速度是使公路几何指标相互关联的一个参数，并用于评价公路的服务水平。设计速度是道路设计中的最基本参数。设计速度确定后，道路线形的几何设计指标也随之确定。

运行速度(operating speed)是指当交通处于自由流状态，且天气良好时，在路段特征点上测定的第 85 个百分位上的车速。行驶速度是一个随机变量，不同的车辆在行驶过程中可能采用不同的行车速度。研究表明，在公路路段上汽车的行驶速度一般呈正态分布。因此在设计

中考虑运行速度 v_{85},来保证绝大部分汽车的实际行驶速度在设计上能够得到满足,从而保证了交通流中大部分汽车的安全。

3.2.2 引入运行速度核查的必要性

在公路设计中,只要所选用的最小几何指标大于选定的设计速度所对应的最小几何指标,就认为设计是符合规范要求的,因而从理论上讲,在正常条件下汽车行驶于该道路上的安全是有保证的。然而,从实际运行情况来看,独立单项指标符合规范要求的公路几何线形,并不能有效地保证汽车行驶的安全性。根据对已运营道路行驶速度的观测,设计速度与行驶速度的差别往往比较大。另外,采用设计速度来确定几何设计指标,往往从单一要素来看,是符合行驶速度要求的,但当多个符合设计指标的要素组合后效果就不一定能够满足行驶速度的要求,往往带来事故隐患。

从驾驶员的驾车本性来讲,只要道路条件允许,驾驶者总是倾向于采用较高的速度行驶,因而汽车在设计指标较高的路段总是以远大于设计速度的速度行驶。当在行汽车由设计指标较高的路段进入设计指标较低的路段时,因驾驶者不能及时意识到行驶速度过高或当感觉速度过高而存在安全问题时,很容易引起交通事故。

为此,澳大利亚、法国等引进了运行速度的设计理念。我国也在2004年颁布实施了《公路项目安全性评价指南》(JTG/T B05—2004),其中提出了运行速度概念,以运行速度作为公路安全评价的一个重要指标,利用预测的运行速度对项目的路线、路基路面、桥梁、隧道、路线交叉和交通工程及沿线设施进行评价,制定了核查的方法和评价标准,并给出了两种运行速度的计算方法。

3.2.3 设计速度与运行速度的匹配

在道路设计中必须使设计速度与运行速度的几何指标相匹配,才能保证道路交通的安全。主要从以下两个方面进行:

(1)采用运行速度对道路设计进行检验

为了使行驶汽车的实际行驶速度与公路设计几何指标相适应,在高等级公路线形设计过程中可根据运行速度进行检验。检验的依据是道路的设计车速 v 与运行速度 v_{85} 之差的最大值应小于20km/h,如果检验的结果满足标准,说明确定的设计车速是适宜的。

图3-1 连续的道路线形

此外,连续的道路线形能大大地提高在行汽车的行车安全性,道路的安全性往往不在于单个曲线指标的高低,而在于整条路线线形的流畅,见图3-1。相邻路段运行速度 v_{85} 之间的差值 $|\Delta v_{85}|$ 小于10km/h,说明运行速度协调性好;为10~20km/h时说明协调性较好,条件允许时宜适当调整相邻路段技术指标,使运行速度的差值小于或等于10km/h;当大于20km/h时,运行速度协调性不良,需要重新调整平、纵面设计,以保证道路线形的连续性。

(2)采取交通工程方面的措施

当由于地形、地质等方面的原因,使已设计的道路线形无法修正或当修正道路线形的费用与效益比较差时,可以采取交通工程方面的措施来弥补道路几何线形设计上的不足。如通过增设必要的交通安全设施如交通标志及修建防撞护栏等,可弥补道路线形设计上的不足,提高道路交通安全性。图 3-2 为曲线路段的交通标志,图形化可以使交通标志表达的意义一目了然。

图 3-2 人性化的交通标志

公路几何线形设计的发展趋势,将从基于车辆动力分析的旧有模式,向考虑人、车、公路系统综合因素的方向发展。采用运行速度进行公路路线的设计与检验,以及采取必要的交通工程措施,更多地考虑了人、车、路的关系,使设计与实际相贴近,基本上解决了采用设计速度进行设计所带来的线形标准不一致、线形几何要素之间不相容、设计车速与行驶速度的差距大等问题。

3.3 视 距

视距是保证行车安全、迅速、经济的重要因素。驾驶员的驾驶行为取决于驾驶员是否能看清前方的道路及环境,并有足够的距离,以便准确控制方向,避开障碍物,保证交通安全。

安全驾驶需要具备识别交通状态和预测将发生事件的能力。视距是道路设计的重要参数。视距的定义是:视距是驾驶员能够看清前方事物的距离。视距受行车速度的影响很大:行车速度越高,所必需的停车视距越大;行车速度越高,视角变得越窄(视角是指驾驶员不用移动眼球能看到的范围)。

视距与感知—反应时间也密切相关。每个人的感知—反应时间不同,并且受道路特性和周围环境的影响。同时驾驶员的对事物的预期也是很重要的,研究发现,对于有明确预期,很容易辨别的事件,感知—反应时间为 0.7s,而没有预期的事件则需要大致 3min,平均时间是 2s。

视距根据驾驶员所要采取的必要的操作行为(保持现有行车状态、减速停车、改变现有行车状态等)分为不同类型:看清前方线形的距离、看清前方静止的车辆或障碍物的距离、看清交叉口的距离等。根据需要决定在设计中采用视认距离的类型。视距是公路设计时一个综合考虑因素,不仅受线形设计的影响还受交叉口、横断面等其他要素设计的影响。

设计中要提供足够的视距,但要避免提供临界视距。临界视觉给驾驶员的感觉是视距值的距离可以执行某种驾驶操作,但实际却不足以安全执行这种驾驶操作。临界视距容易引发交通事故,应该尽量避免。如普通道路上交叉口有较好的可视性,可能会导致车辆高速通过被交道路,或者在禁止超车的路段,视距刚好够超车,都是不可取的。图 3-3 为视距不良的路段。

图 3-3　视距不良的路段

3.3.1　驾驶视距

驾驶视距是能够安全、舒适地驾驶所需的道路可视长度，保证视觉需要。在直线路段行车速度和驾驶视距的关系见表 3-1。

行车速度与驾驶视距的关系　　表 3-1

行车速度(km/h)	行车时间(s)	驾驶视距(m)
60	8	135
80	9	200
100	10	280

安全舒适地进入平曲线的必要视距由驾驶员感知—反应时间所行驶的距离和必要的对曲线的长度的认知时间所行驶的距离组成。对曲线的长度的认知时间是从认识到曲线的存在到识别出曲线要素所经历的时间。曲线路段行车速度与驾驶视距的关系见表 3-2。

行车速度与驾驶视距的关系　　表 3-2

行车速度(km/h)	曲线前视距		曲线可视部分		总　视　距	
	时间(s)	距离(m)	时间(s)	距离(m)	时间(s)	距离(m)
100	2	55	3	85	5	140
80	1.75	40	3	65	4.75	105
60	1	20	2	35	3	55

道路交叉是道路交通的局部中断，在大的平曲线上能够有效定位交叉，这对道路安全具有重要意义。调查表明，曲线上的交叉比直线上的交叉发生事故少 20%，事故伤害少 30%。

图 3-4 为在平曲线中视距受到限制的路段。

图 3-4　平曲线中视距受到限制

竖曲线中凸曲线和凹曲线的驾驶视距是不相同的。对于凸形竖曲线，使用驾驶视距的标准来进行设计，就会需要过大的竖曲线半径，常常导致过度开挖。故采用驾驶视距标准的设计不能保证设计的经济可行。很多时候使用停车视距进行设计也是必需的，虽然降低了道路安全标准。我们可以采用费用效益分析的方法来确定采用哪种视距进行设计。凹形竖曲线产生的问题常位于隧道中或构造物下，特别是对于载货汽车或大的公交车。凹形竖曲线的曲线半径由视线高度、坡度、净空和合理视距决定。凹形竖曲线的可视性在夜间也受到影响，车辆头灯的照明好坏是个关键的因素。

3.3.2 停车视距

汽车在路上行驶时，驾驶员看到前方障碍物，紧急安全制动所需的最短距离称作停车视距 S_t。停车距离由四部分组成，即：

$$S_t = S_1 + S_2 + S_3 + S_0 \tag{3-1}$$

式中：S_1——由感知到反应期间所行驶的距离(m)；

S_2——执行必要反应所行驶的距离(制动、转向或调整)(m)；

S_3——辨别出某种设计要素，如曲线或障碍物所行驶的距离(m)；

S_0——为舒适或保障安全所需预留的距离(m)。

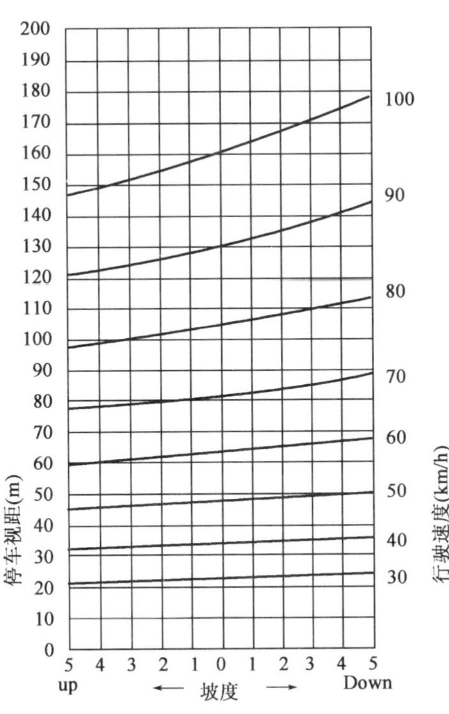

图 3-5　停车视距与行驶速度和坡度的关系

停车视距是最重要的视距，在道路沿线每个点必须具有足够的停车视距。停车视距是驾驶员必须能够看到的前方距离以确定道路上的危险，在必要时安全停车的距离。图 3-5 显示了停车视距与行驶速度和坡度的关系。

停车视距可用下式计算：

$$S_t - \frac{vt}{3.6} + \frac{(v_{85}/3.6)^2}{2g(f+i)} \tag{3-2}$$

式中：S_t——停车视距(m)；

v——设计速度(km/h)；

t——空驶时间(s)，即反应时间，取 2.5s(判断时间 1.5s，运行 1.0s)；

g——重力加速度，取 9.8m/s^2；

v_{85}——车辆运行速度(km/h)；

i——路线纵坡度(%)；

f——轮胎与路面的纵向摩阻系数，不论运行速度大小，一律取值为 0.17。

我国公路工程技术标准中对停车视距的规定值见表 3-3 和表 3-4。

公路停车视距　　表 3-3

设计速度(km/h)	120	100	80	60	40	30	20
停车视距(m)	210	160	110	75	40	30	20

城市道路停车视距　　表 3-4

设计速度(km/h)	80	60	50	45	40	35	30	25	20	15	10
停车视距(m)	110	70	60	45	40	35	30	25	20	15	10

3.3.3 超车视距

汽车行驶时为超越前车所必需的视距称作超车视距。《公路工程技术标准》(JTG B01—2003)规定,双向行驶的双车道公路根据需要,应结合地形在适当间隔内保证具有超车视距的路段。

超车操作开始时,驾驶员是否有能力估计交通流的必要间隙是一个决定性因素。超车视距在时间上有一个范围,基本上是16~25s。表3-5给出了超车视距与设计速度关系。

超车视距与设计速度的关系 表3-5

设计速度(km/h)	最短视距(m)	临界视距(m)	可接受视距(m)
100	450	405~700	>700
80	350	350~500	>500
60	270	270~350	>350

在可持续安全设计概念中,超车最好能够禁止甚至使其不可能完成。

3.3.4 会车视距

会车视距为两辆对向行驶的汽车能在同一车道上及时制动所必需的距离。会车视距由四部分组成:

(1)双方驾驶员由感知到反应期间所行驶的距离。

(2)双方驾驶员执行必要反应所行驶的距离。

(3)双方驾驶员辨别出某种设计要素,如曲线或障碍物所行驶的距离。

(4)为舒适或保障安全所需预留的距离。

由会车视距的组成可知,会车视距约等于2倍停车视距。

3.4 平面线形

平面线形由直线、圆曲线和缓和曲线组成。直线是平面线形要素中的基本要素之一,适用于地形平坦、视线目标无障碍处。圆曲线是最常用的基本线形,当路线遇到障碍或需要改变方向时采用。在直线和曲线之间一般设置缓和曲线,使人所感受到的离心力逐渐变化,增加驾驶的舒适性。

3.4.1 直线

直线是平面线形中的基本要素之一,具有以最短的距离连接两控制点和线形易于选定的特点。直线适用于地形平坦,视线目标无障碍处。在平原区,直线作为主要线形要素比较适宜。直线有测设简单、前进方向明确、路线短捷等优点,直线路段能提供较好的超车条件,对双车道公路有必要在间隔适当距离处设置一定长度的直线。

直线是两点间最简捷的路线,但是直线的几何形态灵活性差,有僵硬而不易协调的缺点,所以难以适应地形的变化;而且过长的直线易使驾驶员产生单调、倦怠的感觉,注意力不集中,甚至感觉迟钝,反应缓慢,难以准确目测车间间距,会导致超高速行驶状态,这些均易造成事故。在《公路路线设计规范》(JTG D20—2006)中,对直线的长度给予了限制:直线的长度一般不宜超过设计车速的20倍,并要求在长直线两侧地形过于空旷时,采取栽植不同树种,设置风格各异景观等方式,减轻行车单调的感觉。

国内外高等级公路建设的经验及趋势表明,直线在公路线形中所占的比例在日益减小,而曲线所占比例在逐渐增加,如我国沈大高速公路曲线长占整个线路的60%。特别是对于山区路段,长直线不但难与地形、路线沿线景观相适应而且经常造成路基工程的大填大挖,桥梁、隧道长度增加。所以,山区公路客观上需要直线比例下降,曲线的比例增大。

在强调线形设计以曲线为主的情况下,要从客观条件出发,实事求是,不能生搬硬套,一味地追求以曲线为主,增加不必要的工程量和工程投资。在107国道湖北段设计中,一段路沿铁路平行,根据地形条件,设置了7km多的直线,这比《公路路线设计规范》要求的最大长度更长一些。但是因为沿线构造物较多,道路纵向有所起伏,减弱了长直线的单调性,并且通过采取绿化等措施,增加了一些景观效果,使道路运营效果比较理想。

一般来说,直线长度不应大于设计速度的20倍,如果大于此数值,除采用大半径曲线外,可采取加强沿线的绿化景观设计等措施,做到草灌结合、散丛结合,从而达到自然景观与再造景观的和谐统一(图3-6);或增设交通标志及震动标线等交通工程措施。《公路路线设计规范》规定,两圆曲线间以直线径相连接时,直线的长度不宜过短。同向曲线间的最小直线长度宜为行车速度的6倍,反向曲线的最小直线长度为行车速度的2倍。

图3-6 植草与草灌结合的绿化效果

3.4.2 平曲线

(1)圆曲线

圆曲线的应用使道路景观更活泼。由车辆速度和曲线半径产生的离心力,被超高和横向摩阻力所抵消。平曲线可以用下式进行计算:

$$R \geqslant \frac{v^2}{127(f_z + i)} \tag{3-3}$$

式中:R——路段运行速度要求的平曲线半径(m);

v——设计速度(km/h);

f_z——路面与轮胎间的横向力系数;

i——路拱横坡度(%)。

对于平曲线半径的取值也可以采用查图表的方式，具体见图 3-7。

《公路路线设计规范》对圆曲线最小半径规定见表 3-6。

一般值是指正常情况下的采用值，极限值是指条件受限制时可采用的值。圆曲线半径最大值不宜超过 10 000m。

连续的同向圆曲线从景观上来考虑并不理想。同样，反向圆曲线在应用时也有所限制。如图 3-8 所示，曲线半径应该在两个黑色区域之间。举例来说，如果一个曲线半径为 300m，则与之连接的曲线半径应该在 200～500m 之间。曲线半径值落在黑色区域内也可以接受，但并不理想。

圆曲线最小半径 表 3-6

设计速度(km/h)	最小半径(m)	
	一般值	极限值
120	1 000	650
100	700	400
80	400	250
60	200	125
40	100	60
30	65	30
20	30	15

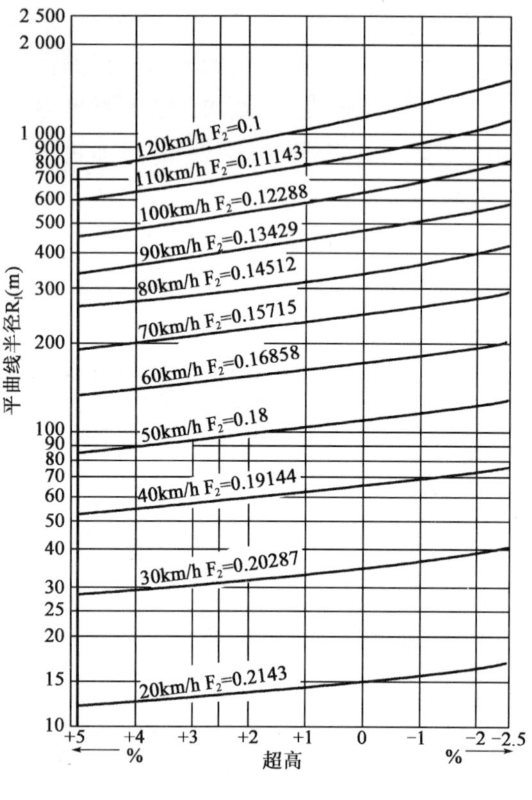

图 3-7 最小平曲线半径取值

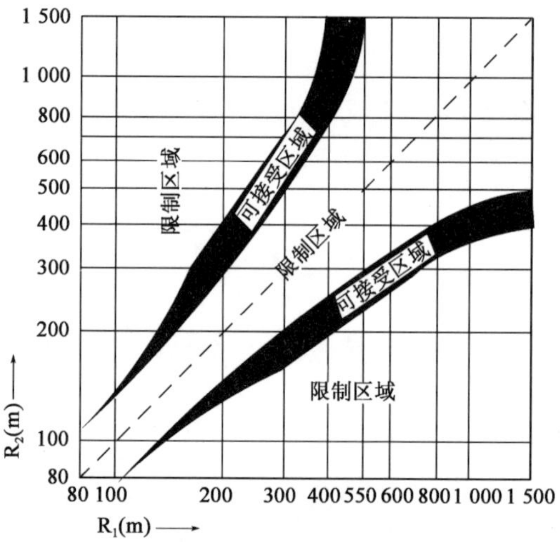

图 3-8 曲线半径的选择

圆曲线的长度对道路安全有一定的影响。在沿线进行的驾驶员调查中，我们发现，大部分驾驶员在驾车驶入曲线长度转长的平曲线路段时，会产生提高车速、尽快驶出曲线路段的心理，这种心理容易诱发交通事故。另外，平曲线长度除应满足设置回旋线或超高过渡的需要外，还应保留一段圆曲线，以保证汽车行驶状态的平稳过渡，即平曲线长度也不应过短。《公路路线设计规范》(JTG D20—2006)对最小圆曲线长度规定见表 3-7。

圆曲线转角不宜过小。道路出现小偏角时，平曲线的长度将被看成比实际的短，驾驶员容易产生急转弯的错觉而急忙操作转转盘，造成行车事故，偏角愈小愈明显。对于设计速度较低的道路，小偏角对行车安全影响不大，在工程环境艰巨路段设置小偏角还是可以的。但是对于高速公路等设计速度较高的道路设置小偏角一定要慎重。

最小圆曲线长度 表 3-7

设计速度(km/h)	最小半径(m)		计速度(km/h)	最小半径(m)	
	一般值	极限值		一般值	极限值
120	600	200	40	200	70
100	500	170	30	150	50
80	400	140	20	100	40
60	300	100			

(2)缓和曲线

平曲线的前面和后面常常是缓和曲线。缓和曲线的定义为:在直线和曲线间或曲线和曲线间的过渡段。设置缓和曲线的目的在于通过曲率的逐渐变化,适应汽车转向操作的行驶轨迹及路线的顺畅,缓和行车方向的突变和离心力的突然产生;使离心加速度逐渐变化,不致产生侧向冲击,并缓和超高。缓和曲线能降低交通事故发生的可能性。在一定范围内,交通事故率随着缓和曲线长度的增加而降低。

缓和曲线符合汽车行驶轨迹,能够保证车辆行驶的安全和乘车人员舒适性,而且可以诱导驾驶人员的视线。调整平面线形与沿线环境以及周围景观相协调,保证道路线形的均衡和连续性。为了保证曲率缓和、行车缓和、超高和加宽缓和,缓和曲线必须具有足够的长度。我国《公路工程技术标准》(JTG B01—2003)中规定缓和曲线的最小长度主要从曲率缓和考虑,以保证驾驶员从容驾驶和乘车舒适为目的,用3s行程作为缓和曲线最低限度的控制值。在一般情况下,当圆曲线部分需设置超高时,缓和曲线还应满足超高过渡的要求,缓和曲线的长度至少能完全包括超高缓和段的长度,但如果按超高渐变率求出的缓和段长度比缓和曲线还要长时,则必须延长缓和曲线路段。

在实际设计工作中,缓和曲线并不单纯作为曲率和超高变化的缓和段,也作为在视觉上获得圆滑线形的条件。缓和曲线长度随着圆曲线半径的增大而增长,以利于视觉和线形美学上要求,使线形美观协调。缓和曲线的线形是回旋曲线,它是一条螺旋形的线,直径和长度成反比。公式为:

$$A^2 = R \times L \tag{3-4}$$

式中:L——从缓和曲线起点开始的距离(m);

R——起点的半径(m);

A——常数(基于理想速度)。

由于可视性的原因,A值要尽可能小。因此,A值的范围为 $1/3R_C < A < R_C$(R_C为圆曲线半径)。A的最小值与设计速度有关:

速度为100km/h,A的最小值为207;

速度为80km/h,A的最小值为117;

速度为60km/h,A的最小值为76。

我国《公路路线设计规范》对缓和曲线的最小长度的规定见表3-8。

缓和曲线最小长度 表3-8

设计速度(km/h)	120	100	80	60	40	30	20
最小长度(m)	100	85	70	60	40	30	20
一般值(m)	130	120	100	80	50	40	25

3.4.3 平面线形组合

(1)基本型

直线—缓和曲线—圆曲线—缓和曲线—直线的组合。

基本型的两个缓和曲线应符合缓和曲线的规定,但不必要求相等,也可根据地形等条件设计成非对称形曲线。

为使线形连续协调,缓和曲线—圆曲线—缓和曲线的长度之比最好设计成1∶1∶1。

(2)S形

用两个缓和曲线连接两个反向曲线的组合。

S形相邻两个缓和曲线参数 A_1 和 A_2 宜相等。

当采用不同的参数时,比值应小于2;有条件时,以小于1.5为宜。

高速公路,当 A_2 小于等于200时,A_1 应不大于 A_2 的1.5倍。

两圆曲线半径之比不宜过大,以比值小于2为宜。

反向曲线如设计不当,会引起车辆的不稳定。因此,反向曲线间宜设置反向回旋线,每一回旋线长度不小于规定的最小长度要求。在曲线反向点,纵向坡度应保持在1%~3%之间,以利排水。

(3)卵形

用一个回旋线连接两个同向圆曲线的组合。

卵形曲线的缓和曲线参数宜符合下式的规定:

$$A=R_2/2\sim R_2 \tag{3-5}$$

式中:A——缓和曲线参数;

R_2——小圆的圆曲线半径。

两圆曲线半径之比以 $R_2/R_1=0.2\sim0.8$ 为宜。

(4)凸形

两同向缓和曲线间不插入圆曲线而直接径向衔接的组合。

一般情况下,最好不采用凸形曲线,只有在地形受限制的山嘴等处使用。

(5)复合曲线

两个以上同向缓和曲线间在曲率相等处相互衔接的组合。

缓和曲线参数之比以小于1.5为宜。

复合曲线除因地形或其他特殊原因限制外,一般很少使用。驾车人对复曲线的曲率判断困难:在半径变化不明显的地方,驾车人容易偏离车道;沿行驶方向复曲线半径较小时,尤其是在较陡下坡路段上,货车制动易发生危险;当位于中间的平曲线半径大大超过两侧相邻曲线半径时，易形成“断背曲线”的不良视觉。断背曲线是复曲线的一个特殊形式。由于视觉较差，断背曲线不受欢迎。如果视距不足，驶向小半径曲线的货车还可能会因制动不及时而产生危险。

3.5 超　　高

3.5.1 超高的取值

当采用的圆曲线半径小于未设超高的最小半径时，为抵消车辆在曲线路段上行驶时所产生的离心力，将曲线段的外侧路面横坡做成与内侧路面同坡度的单坡横断面，这样的设置称为超高。超高的计算公式为：

$$i_{超} = \frac{v^2}{127R} - f_z \tag{3-6}$$

式中：v——设计速度(km/h)；

R——圆曲线半径；

f_z——横向力系数。

当汽车行驶在设有超高的弯道上时，汽车自重分力将抵消一部分离心力，提高了行车的安全性和舒适性。但是，道路超高设计不当或未设超高可能引起滑动或倾覆事故。为此，超高横坡度的大小必须受到严格的限制，必须按现行《公路工程技术标准》执行。对超高横坡度限制最大值的目的是：一是防止车辆在曲线超高路段停留时的侧向滑移；二是保证在纵坡陡、超高大的情况下，合成坡度不过大，保证行车安全。而设置超高最小值的目的是保证在纵坡缓、超高小的情况下合成坡度能满足标准规定的最小合成坡度的要求，保证路面排水通畅。

实际设计工作中，超高横坡值的大小可根据行车速度、圆曲线半径大小、路面结构类型、沿线自然条件、车辆组成的情况来确定。

在直线段，标准的横坡度是2%，这里的横坡度是为排水而设计的。单一车道的路面常被设计成拱形。在曲线段，拱形逐渐过渡成单向坡度，主要目的是抵消部分离心力和提高曲线段的可视性。

最大的理想超高是5%，特殊情况下可增加到8%～10%，以增加曲线段的可视性。与纵坡组合，最大的合成坡度不能超过10%。

我国《公路路线设计规范》对各级公路圆曲线部分的最大超高值规定见表3-9。

圆曲线最大超高　　表3-9

公路等级	高速公路、一级公路	二、三、四级公路
一般地区(%)	8或10	8
积雪冰冻地区(%)	6	

3.5.2 超高的渐变段

圆曲线超高值确定后，需要把设置超高的圆曲线路段与不设超高的标准横坡度路段(直线路段和不设超高的圆曲线路段)圆滑地连接起来，这一过程就是超高的过渡。它是通过路面围绕横断面设计的基准点的旋转来实现的，因而所谓超高的过渡就是如何沿公路的前进方向扭转路面的问题。超高的过渡一般是在圆曲线两侧缓和曲线全范围内完成的，如果超高过渡的比率（超高渐变率）过大，超高过渡的长度（超高缓和段长度）较短，过渡就会很急促，形成行车道边缘超高的突变，造成路面扭曲，影响路容美观和行驶的舒适性。反之，超高缓和段过长，横坡变化过缓，不利于路面排水，危及行车安全，这两种情况在设计中是应该尽力避免的。

超高渐变率就是超高过渡的比率，是行车道边缘线（有路缘带的为路缘带边缘线）相对于旋转轴基准点上升或下降的比率，是随着旋转轴位置的不同而变化的。设计中在确定超高渐变率之前，首先应确定旋转轴的位置，如果不管旋转轴位置如何而采用统一的超高渐变率，由于旋转轴基准点到行车道边缘线的距离不同，路面围绕基准点旋转的角速度也不相同，当以中线为旋转轴时，距离较小，其扭转变化较快，乘客就会感到不适。因此超高渐变率既要考虑到行车道边缘相对升降的速度，同时也要对围绕基准点旋转的角速度有所限制。超高渐变率应控制在《公路路线设计规范》所规定的最大超高渐变率和最小超高渐变率之间，并结合路面结构类型和项目沿线的自然气候条件进行选用。

超高渐变率确定后，即可根据下面公式确定超高缓和段的长度。

$$l_c = B \times \Delta i / P \tag{3-7}$$

式中：l_c——超高缓和段长度(m)；

B——旋转轴至行车道边缘的宽度(m)；

Δi——超高坡度的代数差(%)；

P——超高渐变率，其取值在0.4%～2.0%间变化。

我国《公路路线设计规范》对超高渐变率按旋转轴位置的选择规定见表3-10。

超 高 渐 变 率 表3-10

设计速度(km/h)		120	100	80	60	40	30	20
超高旋转轴位置	中线	1/250	1/225	1/200	1/175	1/150	1/125	1/100
	边线	1/200	1/175	1/150	1/125	1/100	1/75	1/50

3.5.3 路肩横坡及超高

正确地设计路肩横坡度，保证行车安全迅速，延长路面的使用寿命，降低公路养护费用具有很大的经济意义。《公路工程技术标准》中规定，路肩的横坡度要比路面横坡度大1%～2%，路面横坡度值从高级路面的1%到低级路面的4%，据此，路肩横坡度i_0应在2%～6%之间。根据美国有关技术标准，直线段土路肩横坡度在不设路缘石时为4%～8%；而按照日本技术标准的规定，直线段土路肩横坡度为3%～5%。综上，按照我国技术标准的规定，参照国外的规定，结合使用经验，直线段的土路肩横坡度可按如下方法确定：当路面横坡度小于2%时，路肩横坡度比路面横坡度大2%，当路面横坡度大于2%时，路肩横坡度比路面横坡度大1%。因此，直线段土路肩横坡度在3%～5%之间，最小值为3%。

曲线路段的路肩超高设置较灵活，可以针对曲线路段不同的超高形式采取不同的旋转方法，但总体来讲，应该符合《公路工程技术标准》中对路肩横坡度的规定。

3.6 纵面线形

纵断面设计由直线坡段和竖曲线组成。直线坡段的坡度及其长度影响着汽车的行驶速度以及运输的经济和安全,因此,减少纵坡路段的事故率,保证汽车行驶安全、迅速、舒适与经济,是纵断面设计的基本原则之一。纵断面设计首先要研究纵断面的坡度、坡长和竖曲线与安全行车之间的关系,在此基础上研究如何合理的设置爬坡车道和避险车道。

3.6.1 纵坡度

纵坡度包括最大纵坡和最小纵坡之间的各种坡度。最大纵坡是公路线形设计控制的一项重要指标,主要受车辆性能的控制,另外还要考虑对交通运行的影响。最小纵坡主要受排水和安全要求方面的控制。

(1)最大纵坡

最大纵坡是道路纵断面设计的重要控制指标,不仅要考虑设计车型的爬坡能力,而且还要考虑汽车在纵坡上行驶的快速、安全和经济,合理确定。

最大纵坡的制定首先依据的是道路等级,即不同的道路等级对计算行车速度的要求也不同;其次是自然因素,即道路所经地区的地形条件、海拔高度、气温、雨量等自然因素所提供的汽车行驶条件,如阴湿多雨地区、长期冰冻地区,均应避免过大的纵坡。《公路路线设计规范》规定的最大纵坡如表3-11所示。

最大纵坡 表3-11

设计速度(km/h)	120	100	80	60	40	30	20
最大纵坡(%)	3	4	5	6	7	8	9

表3-11按照不同的速度规定了最大纵坡的坡度值,设计时所采用的坡度值应满足规范的要求。大的纵坡对载货汽车行驶很不利,上坡会使车速减慢,妨碍高速行驶,使超车增多、安全性降低;长的下坡会使制动过热、失灵,也易发生事故。

山区高速公路在进行纵断面设计时,受到地形的限制,为了克服高差、缩短展线和节省工程量,有时不可避免地要采用极限纵坡度,极限纵坡的采用必须与其坡长联系在一起考虑,要严格限制坡长。超过限制坡长要安排一段缓坡,用以恢复在前一段陡坡路段所降低的车速。同时,从下坡路段的安全性考虑,设置一段缓坡也是非常必要的。

(2)最小纵坡

最小纵坡主要受排水和安全方面的影响。在不受地形限制的道路上,横坡足够排水要求,不会产生积水的地方,纵坡小于0.3%或不设纵坡一般没有问题。在地形受限地区,纵坡应能帮助路面排水。根据经验和参考国内外的相关规定,一般最小坡度为0.3%~0.5%。在高等级路面和有坚固路基支持的条件下,最小坡度为0.3%,路边和中间带经常需要比路面横坡更陡的坡度以利于排水,最小可以设为0.5%。

3.6.2 坡长限制

所谓坡长限制是指控制汽车在坡道上行驶，即当车速下降到限定的最低允许速度时所能行驶的距离。该限制长度在理论上是以汽车的加速、减速行程来计算的。为使行车快速、安全、经济，设计的纵坡应保证车辆能以某种最低的允许速度正常行驶，为此，可通过限制坡道的长度，保证行车速度变动在一定范围之内。

小客车和货车在纵坡路段行驶表现出不同的运行特性，小客车在4%～5%的坡度上的行驶速度与在直线段的行驶速度相比变化不大。在车辆处于自由流的交通条件下，3%的纵向爬坡路段对小客车的速度影响很小。对于较陡坡度路段，速度随着坡度的增加而逐渐降低(图3-9)。在下坡路段，小客车速度一般比平坦路段略高，但取决于当地路段状况。坡度对于货车速度的影响比较显著。货车在下坡路段的速度增加幅度较为明显，在坡度大于4%的情况下，每下降500m，货车速度增加15km/h。而对于上坡路段，货车速度的折减曲线与坡长的关系如图3-9所示。坡度和坡长共同作用影响公路的安全性和通行能力，应避免货车和小客车存在较大的速度差。

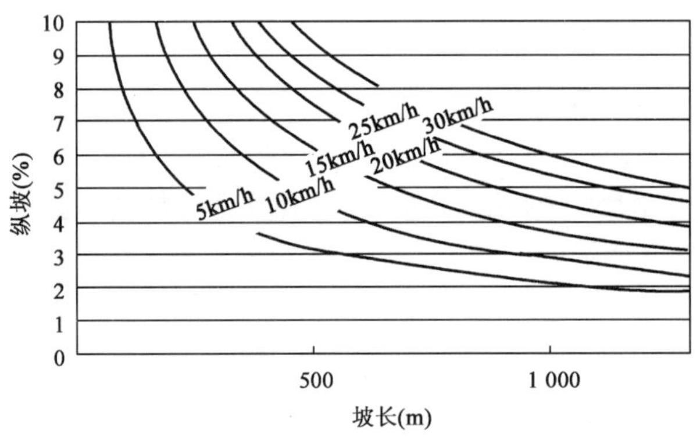

图3-9 速度折减量与坡长的关系曲线图

最大坡长取决于货车的最大爬坡能力，需要考虑以下三个影响因素：

(1)典型车辆的尺寸、功率、载质量情况以及爬坡性能。

(2)车辆驶入纵坡的速度。

(3)纵坡段的容许最小速度。

其中，坡底的入口速度用与设计速度有关的平均运行速度来代替。当然，该入口速度可以根据坡底前衔接的路段条件来调整：若为平坡，则可直接用行驶速度；若为下坡可适当提高一些；若为上坡则应降低一些。

纵坡段的容许最小速度要不影响后面的车辆。根据国内外的经验，基本选取设计速度的50%～60%，或选取速度下降15～25km/h范围内的一个固定值。一般情况下，在设计速度为40～120km/h的绝大多数公路上，最小允许速度按设计速度的50%～60%考虑，为25～60km/h。该速度范围在交通量较小的情况下，一般不会使跟随车辆的驾驶员因超车困难而感到难以忍受。按此原则，表3-12给出了驾驶员可以接受的速度折减量(平均行驶速度与坡道上最小允许速度之差)。

速度折减量确定表 表 3-12

设计速度(km/h)	120	100	80	60	40
货车运行速度(km/h)	75	75	70	55	40
最小容许速度(km/h)	60	60	50	40	25
货车速度折减量(km/h)	15	15	20	15	15

从上述分析和表 3-11 可知,对于从 40～120km/h 的设计速度,分别选取其 50%～60%作为最小允许速度,则平均行驶速度与最小容许速度之间的差值,即速度折减量在 15～20km/h 范围内。因此,选取 15～20km/h 作为确定临界坡长的速度折减量。

当纵坡路段的速度折减量超过 20km/h 时,可以考虑其他的辅助手段来保证行车的安全性,如在左侧加一条超车道,该车道用于上坡路段小客车的通行;或者在右侧增加一条爬坡车道。对于这两种措施,采用的情况不同。当中央分隔带较宽,可以采用第一种方式设置快车道,这种做法得到一些国家的采纳。当公路用地比较紧张,公路横断面宽度受到限制时,可以采用第二种方式设置爬坡车道,我国多采用设置爬坡车道的做法。有些专家不推荐设置爬坡车道,他们提出货车使用爬坡车道需要变换两次车道,而这一过程容易被忽视。爬坡车道的终点不应在上坡路段的终点,而应该增加爬坡车道的长度给货车提供加速的过程,从而使爬坡车道终点的货车速度与行车道的平均运行速度差相差不大。

3.6.3 竖曲线

纵断面上两个坡度的转折处,为了减缓冲击和保证行车视距,用一段曲线来缓和,称为竖曲线,分为凸形竖曲线和凹形竖曲线。

竖曲线的设计受众多因素的限制,其中有三个限制因素决定着竖曲线的最小半径或最小长度。

(1)缓和冲击

汽车行驶在竖曲线上时,产生径向离心力。这个力在凹形竖曲线上是增重,在凸形竖曲线上是减重。这种增重与减重达到某种程度时,旅客就有不舒适的感觉,同时对汽车的悬挂系统也有不良影响,所以确定竖曲线半径时,对离心加速度要加以限制。

(2)时间行程不宜过短

汽车从直坡道行驶到竖曲线上,尽管竖曲线半径较大,但如果其长度过短,汽车倏忽而过,乘客会感到不舒适。因此应限制汽车在竖曲线上的行程时间不能少于 3s。

(3)满足视距要求

①凸曲线

汽车行驶在凸形竖曲线上,如果半径太小,会阻挡驾驶员的视线,见图 3-10。为了安全行车,对凸形竖曲线的最小半径和最小长度应加以限制。表 3-13 分别由满足停车视距和驾驶视距计算的凸形竖曲线半径最小值。视距是确定凸形竖曲线的首要因素,条件允许

图 3-10 凸曲线视距不足路段

时，应尽可能采用驾驶视距确定半径，保证行车安全。

满足停车视距和驾驶视距确定的凸形竖曲线半径最小值 表 3-13

设计速度(km/h)	停车视距(m)	半径(m)	驾驶视距(m)	半径(m)
100	160	6 500	280	12 500
80	110	3 000	200	6 500
60	75	1 400	135	3 000

②凹形竖曲线

当汽车行驶在凹形竖曲线上时，也同样存在视距问题。对地形起伏较大地区的道路，在夜间行车时，若竖曲线半径过小，前灯照射距离近，影响行车速度和安全；在高速公路上有许多跨线桥、门式交通标志牌等，如果它们正好处在凹形竖曲线的上方，也会影响驾驶员的视线。

总之，无论是凸形竖曲线还是凹形竖曲线的最小半径都受上述三种因素控制，哪一种因素为最不利的情况，即为限制因素。依据经验，一般最小半径约为极限最小半径的 1.5 倍，在条件许可时应尽量采用大于一般最小半径的竖曲线为宜。

在竖曲线设计时要保证纵断面线形视觉连续而且平顺。如果在短距离内出现反复凹凸线形，就会出现线形中断，形成能看见近处和远处、但看不见中间凹处的线形。在这种情况下，驾驶员视觉上不放心，从而降低车速，也不敢超速。这不但会降低公路的通行能力，还会引发追尾撞车事故。

当相邻的纵坡坡度差较小时，应当采用大半径的竖曲线，并且竖曲线的长度不宜过短。

3.6.4 爬坡车道

爬坡车道是陡坡路段行车道外侧增设的供载货汽车行驶的专用车道。爬坡车道的设置是陡坡路段坡长受限制后的补充措施，即在陡坡路段满足坡长限制的规定后，行车速度和通行能力仍不能满足正常要求时，需考虑设置爬坡车道(图 3-11)。

图 3-11 大型车辆比例较大的路段

在多车道公路上，由于有超车车道，所以只有在交通量和重型车比例达到一定程度后，载货汽车才会对车流运行产生一定影响，在长上坡上为低速车辆设置爬坡车道，将会缓解这种不利影响。从保证公路通行能力与运营安全的角度出发，凡是上坡路段坡长超过限制坡长时都应设置爬坡车道，消除载货汽车对交通流的影响。

(1)设置爬坡车道的条件

高速公路、一级公路纵坡长度受限制的路段，应对载货汽车上坡行驶速度的降低值和设计通行能力进行验算，符合下列情况之一者，可在上坡方向行车道右侧设置爬坡车道：

①沿上坡方向载货汽车的行驶速度低于表 3-14 的允许最低速度以下时，可设置爬坡车道。

②上坡路段的设计通行能力小于设计小时交通量时，应设爬坡车道。

按照式(3-8)计算实际道路、交通条件对最大服务交通量的修正。

上坡方向容许的最低车速　表 3-14

设计速度(km/h)	120	100	80	60
容许最低速度(km/h)	60	55	50	40

$$C_r = C_D \times f_{HV} \times f_N \times f_p \quad (3\text{-}8)$$

式中:C_r——实际通行能力(辆/h/车道);

C_D——与实际行驶速度相对应的设计通行能力;

f_{HV}——交通组成的修正系数,见公式(3-9);

f_N——车道数对通行能力的修正系数;

f_p——驾驶员总体特性对通行能力的修正系数。

$$f_{HV} = \frac{1}{1+\sum p_i(E_i-1)} \quad (3\text{-}9)$$

式中:p_i——车型 i 的交通量占总交通量的百分比;

E_i——车型 i 的车辆折算系数;高速公路中车型 i 包括中型车、大型车和拖挂车。

$$\text{DDHV} = \text{AADT} \times K \times D \quad (3\text{-}10)$$

式中:DDHV——预测的单方向设计小时交通量(辆/h);

AADT——年平均日交通量(辆/h);

K——设计小时交通量系数;

D——方向不均匀系数,通常取 0.6。

(2)实例

某山区高速公路上坡路段平均纵坡度 3.5%,坡长 5km,2020 年的预测交通量为2 526 辆/h,按照预测交通量计算是否需要设置爬坡车道?

计算得到 DDHV=1 892 辆/h;按照上坡路段的车辆折算系数表,计算出 $f_{HV}=0.464\,9$,得到 $C_r=651$ 辆/h/车道。对于双向四车道的高速公路,单方向实际通行能力为 1 302 辆/h,显然不能满足 1 892 辆/h 的预测高峰小时交通量,因此在上坡路段需要修建爬坡车道。则增加车道后单方向实际通行能力为 1 953 辆/h,可以满足 1 892 辆/h 的预测高峰小时交通量。

3.6.5 避险车道

据事故资料统计:国内多条高速公路与大型货车相关的交通事故数所占比例高达 60%以上,受伤人数和经济损失在事故总量中也占有相当的比重。对于长下坡路段,事故发生频率明显高于上坡路段,车辆由于连续的制动,造成制动器温度升高,制动效能减弱,调挡失控,更易发生交通事故。而且肇事车辆中 70%以上为大中型货车,因此,对于山区高速公路的路线线形来说,当大型车比例超过 30%时,路线方案的选择应当考虑货车交通对运行安全的影响。目前国内对于长下坡路段采用的措施主要有三种。

(1)交通工程措施

设置标志、标线、信息发布系统(可变情报板)等交通工程措施。在连续下坡路段设置“连续下坡”,“连续下坡×km”等标志,在连续下坡和小半径组合的路段前方设置“陡坡急弯”和线形诱导标等标志(图 3-12)。

图 3-12 下坡路段标志

(2)管理措施

管理措施包括限制载货汽车的总质量、禁止某种类型载货汽车的通行、加强执法等措施，如北京的八达岭高速公路。

(3)工程措施

修建避险车道和冷却场等工程措施。实践证明，避险车道在减少长陡下坡路段失控车辆交通事故方面具有重要的作用。

①设置避险车道的必要性和设置位置

对于连续下坡路段，事故发生频率明显高于上坡路段，车辆由于连续的制动，造成制动器温度升高，制动效能减弱，调挡失控，更易发生交通事故，而且肇事车辆中 70％以上为大中型货车。因此，对于山区高速公路的路线线形来说，当大型车比例超过 30％时，应当考虑货车交通对运行安全的影响。

大中型车辆在长下坡时，如果不采取发动机制动、排气制动等辅助制动措施，其行车制动器就必须较长时间地、连续地做强度很大的制动，使得制动器温度常在 400°以上，有时可高达 600°～700°。另外，虽然制动并不频繁，但少数几次高速制动也会使重载车辆的制动器温度迅速升高。制动器温度上升后，制动器摩擦力矩将显著下降，出现制动器的热衰退。就目前的技术而言，制动器的热衰退是车辆不可避免的现象，只是有程度上的差别。美国车辆制动器性能实验表明：一般情况下，当制动器的温度不超过 200°时，车辆的制动器制动力不会发生明显衰减；当制动器温度达到 260°时，车辆的制动器制动力明显下降，只能达到正常温度(65°以下)的 30％～35％；当制动器温度达到 400°以后，车辆制动器基本失效。因此，连续下坡路段采用货车安全运行状态的制动器温度阈值作为控制指标。

在我国公路货运汽车交通组成中，货车载质量所占比重出现较大的不均匀性，如图 3-13 所示。基于安全性考虑，选取最不利车型——载质量 15t(总质量 25t)的重型货车作为评价车型。

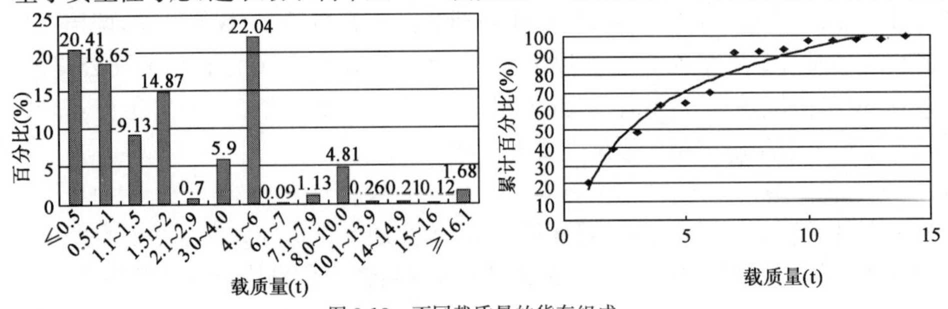

图 3-13 不同载质量的货车组成

按照交通运输部公路科学研究院2003年完成的原交通部标准规范项目《公路纵坡坡度与坡长限制》课题的研究成果，根据能量守恒原理推算下坡路段坡长、坡度、不同载质量与制动片温度关系模型，作为避险车道设置的依据。

②避险车道的组成部分

a. 引道

应该有足够的视距来保证驾驶员能够清晰地看到避险车道的全部线形。引道应设计成直线，保证失控车辆的前轮同时驶入避险车道，避免左右车轮受力不均匀。

b. 避险车道的长度

避险车道的长度是根据行驶速度、坡度、坡床材料的滚动阻力系数而确定的。应综合考虑汽车滚动阻力和坡度的影响，避险车道的计算如式(3-11)所示。

$$L = \frac{v^2}{254(R \pm G)} \tag{3-11}$$

式中：L——停车距离(m)；

v——进入速度(km/h)；

G——坡度(%)；

R——滚动阻力系数，砂为0.15，豆砾石为0.25。

当紧急避险车道为非单一纵坡时，第一个坡度末端的车速v_f为下一个坡度的起始车速，如式(3-12)所示：

$$v_f^2 = v^2 - 254L_1(R \pm G_1) \tag{3-12}$$

式中：L_1——第一段下坡路段的长度(m)；

v——进入速度(km/h)；

G_1——第一段下坡路段的坡度(%)。

研究发现，大部分失控车辆的驶入速度都低于140km/h，建议采用的驶入速度为130 km/h和140km/h。我国对于驶入速度的取值一般采用设计速度。由于有些山区高速公路的设计速度为80km/h，当失控车辆的速度超过80km/h驶入避险车道时，那么避险车道就会由于长度不足失去防护的效果。

c. 避险车道的坡床材料

避险车道的坡床材料有沙子、天然沙砾、砾石和豆砾石等材料，应该采用干净的、不易固结的、滚动阻力系数较大的材料作为坡床材料，豆砾石被认为是使用较为普遍的坡床材料。理想的坡床材料的粒径应为1.27cm左右，变化范围为0.63～3.81cm，这种粒径的材料具有较高的滚动阻力系数。

坡床材料的深度应为50～110cm，在避险车道的入口前30～60m的路段，材料深度要从7cm过渡到正常深度。

我国避险车道的坡床材料主要有砂、砾石等材料，砂的滚动阻力系数为0.15，而豆砾石的滚动阻力系数为0.25，有些避险车道长度受到了地形限制，坡床材料宜采用豆砾石。

d. 避险车道的防撞消能设施

由于地形的原因，有些避险车道的长度和坡度不足，可以在端部设置防撞消能设施。集料的高度应为0.6～1.5m，坡度为1.5∶1，如果采用消能桶，那么推荐消能桶的填充材料应和坡床材料一致，以免造成坡床材料污染，降低滚动阻力。

防撞消能设施主要采用消能桶和废旧轮胎，也有避险车道因为地形的限制，采用龙网进行消能。龙网系统是一种高效、安全的机动车拦截制动系统，属特殊、高性能的消能系列产品。龙网技术是由美国军工企业研制而成，用于航空母舰舰载飞机的拦截。这项技术于 20 世纪 70 年代早期被引入美国高速公路安全防护系统。

e. 避险车道的其他组成部分

避险车道的宽度应保证一辆以上的车辆驶入避险车道，理想的宽度为 8～12m。避险车道的线形应为直线，设置在平曲线的切线方向，驶出角度宜小于 10°。

3.7 平纵线形组合

平面线形与纵断面线形的组合设计，是线形设计的关键。公路线形设计经过路线规划、选线、平面线形设计、纵面线形设计和平纵面组合设计几个阶段最终以平、纵组合的立体线形展现在驾驶员眼前。如果只按平面、纵面线形标准分别设计，而不将两者综合起来考虑，最终不可能得到好的设计。因此在线形设计中，注重平纵面线形的组合设计显得尤为重要。平、纵线形的组合设计不仅要满足汽车运动学和力学要求，还要满足视觉和心理方面的连续、舒适，以及与周围环境的协调。因此，对组合线形的技术要求一方面是力学上的，主要反映在行车安全和舒适条件上；另一方面是视觉和心理上的，主要反映在驾驶员的舒适感和愉快感上。两者不可分割，互相影响。

道路的空间设计决定于平纵面线形和横断面。驾驶员看到的是一个不断变化的图像，它将受到交通标志、结构物、景观、植被等的影响。高质量的空间线形设计目标是和谐、流畅和安静的路容。加上其他设施（如灯光、标志）使驾驶员更清楚道路的状况。必要的设备和设施应有利于对驾驶员的诱导。

道路一个路段不能作为独立元素来研究和评价。道路前面和后面的相连路段的作用和景观也应进行综合考虑。如道路凸曲线半径就与允许视距和视高有关，见图 3-14。一个路段可以分为下面几种基本形

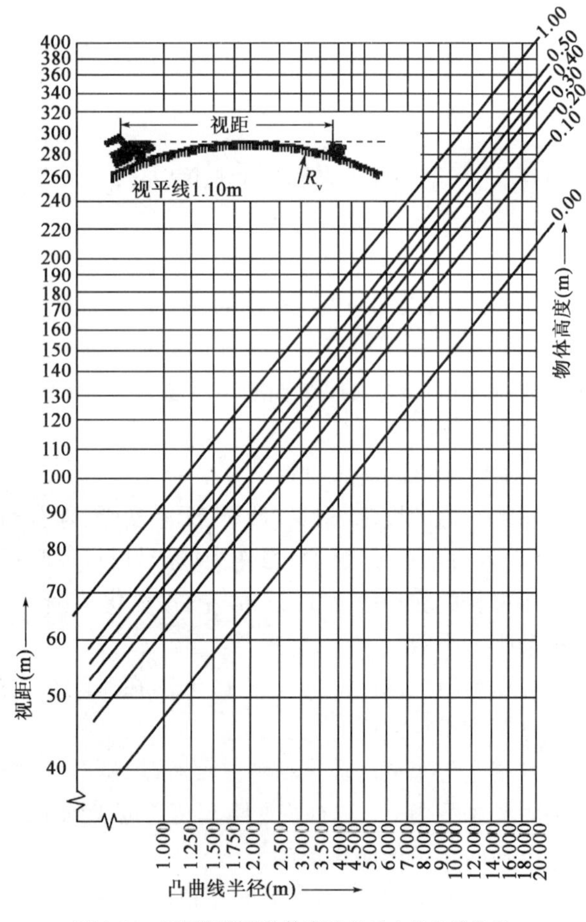

图 3-14　不同视距和物体高度的最小凸曲线半径

式:空间直线,平曲线与纵坡,竖曲线与平直线,混合曲线(平面和纵面均为曲线)。空间直线在平面上与纵面上均为直线,主要缺点是景观单调、驾驶员易疲劳、可视性差等,下面主要介绍平曲线与纵坡、竖曲线与平直线及混合曲线。

3.7.1 平曲线与纵坡组合

这种线形是平面有曲线,纵面有纵坡,易形成富于变化的道路景观,大半径曲线提供对道路和交通的良好的视角并且很容易与其他道路元素进行连接。

小半径平曲线与纵坡的组合有以下缺点:很难定位交叉;需要设置超高,且很难实施。当必须设置排水设施时,会导致费用增加;曲线内侧的交通工程设施将会引起安全问题;会使道路通行能力受到影响;当曲线只有一小部分能被看到时,驾驶员很难确定曲线半径和长度。

平曲线是道路设计的基本要素,大致可分为三类,即大半径、中等半径和小半径。大半径的曲线可以用来替代直线,中等半径应用于正常路段,小半径曲线设置在交叉处。

3.7.2 竖曲线与平直线

平面直线与凹形竖曲线的组合将会提供较好的前方可视性。在平直线中应用短的凹形竖曲线将会导致路容的弯曲,应该尽量避免。其他情况下,混合曲线是比较受欢迎的。凹形竖曲线可以应用在地下通道处,可以提供比较理想的净空高度。

平面直线与凸形竖曲线的组合将会限制前方的可视性。所需视距决定了凸形竖曲线半径的大小。采用这种类型的线形时,视觉上的不连续不是主要问题,在地貌变化较大的地段应用时要格外注意视距问题。

3.7.3 混合曲线

平曲线和竖曲线的组合即为混合曲线。竖曲线可以是凸形竖曲线也可以是凹形竖曲线。

凹形的混合曲线有良好的视距,其他的基本要素可与其有较好的连接。如果平曲线半径较小,则曲线半径容易被驾驶员高估而引发危险。所以设计时尽量选择较大的平曲线半径。

凸形混合曲线会限制前方的可视性。凸形竖曲线不应该与两个反向平曲线混合。当视距满足时凹形混合曲线可随便应用。这种类型的曲线一般会被驾驶员低估,所以是偏安全的。图 3-15 为混合曲线的实例。

图 3-15 混合曲线

3.7.4 组合设计中应注意的问题

(1)平曲线与竖曲线重合

平纵线形配合的意义,重要的是平纵面线形位置及指标运用得当,为安全、舒适、快速的行车创造条件。平纵线形的组合应符合“相互对应且平包竖”的设计原则,配合得好的线形是竖曲线的起点、讫点最好分别在两个缓和曲线的中间，其中任一点都不要放在缓和曲线以外的直线上，也不要放在圆弧段之内。若平、竖曲线的半径都很大，则平、竖曲线的位置可不受上述限制。

(2)平曲线和竖曲线的大小保持均衡

平曲线与竖曲线其中一方大而平缓时，则要注意另一方也要大而平缓，且不能使另一方变化过多。因为这种线形可能出现一个竖曲线中包括两个以上的平曲线或与之相反的情况，并且线形短的一方看上去特别醒目并给人以不愉快的感觉，失去了视觉上的均衡性。

(3)避免竖曲线的顶、底部插入小半径的平曲线

如果在凸形竖曲线的顶部有小半径的平曲线，不仅不能引导视线而且要急转转向盘致使行车危险。在凹形竖曲线的底部有小半径的平曲线，便会出现汽车加速和急转弯，同样可能发生危险。

(4)一个平曲线内，必须避免纵断面线形反复凸凹

在一个平曲线内，纵断面线形反复凸凹时，往往形成看得见脚下和前方，而看不见中间凹陷的线形。

(5)避免在驾驶员的视域内出现反复变化的线形

在驾驶员的视域内线形反复变化，无论是平面线形上的方向变化，还是纵面线形上的坡度变化，都会使线形外观不连贯，形成视线盲区和错觉，使驾驶员产生紧张感，影响行车舒适和安全。因此，有关专家建议，驾驶员在任何一点所看到的平面线形上的方向变化不应超过两个。

3.8 道路优化设计

3.8.1 视觉分析

两辆车在直线上相向行驶时，驾驶员互相看到的对方只是一个缓慢变大的几乎是静态的影像，而当在曲线上相向行驶时，驾驶员就能明显地感受到前方车辆处在运动状态。显然，对于前者，驾驶员是难以判断前方车辆的行驶速度和距离的。

从视觉心理出发，对道路的空间线形、道路与周围环境及自然景观的协调进行的分析研究，使能满足视觉的连续性，以及舒适和安全感的综合设计，称为视觉分析。为满足视觉心理上对线形的连续、舒适的要求，通常利用透视图或三维视图来分析线形的视觉反应。

3.8.2 环境美学

随着社会和经济的发展，人们对公路的要求越来越自然化、景观化，要求公路线形与地形相适应，与环境相融合，要求线形本身富有变化、连续和谐、指标均衡。这就自然要求公路的建设对自然景观和生态环境的破坏要减小到最低限度，并提供视野的多样性，能为驾驶员和乘客提供动态变化的视野，更好地满足乘客的视觉享受，保证行车的舒适和安全。

3.8.3 重视对线形设计的动感认识

目前，我们在评价线形设计优劣时，大部分是利用静态的透视图进行检验，而高速运行的

驾驶员和乘客是在高速动态中操作汽车和观察公路的，其在动态中的视觉和心理感受与静态中的体验大不一样。研究表明，高速行驶的汽车驾驶员在长时间尾随一辆同样高速行驶的汽车之后，其目测两车间距与静止或低速行驶时目测间距会有较大出入。所以要建设一条满意和理想的高等级公路，还需结合动态力学等多门学科进行研究，这一点在国内还没有成功的经验值得借鉴。现有的规范标准也未能给出量的概念，以至于在现阶段的线形设计中，还需较大地依赖路线工程师的经验和直觉。但直觉有时会出现偏差，仅仅靠熟记几条规范、几个范例也是远远不够的。这就要求路线工程师在不断实践、总结和学习的基础上，努力提高动感方面的认识，在竣工通车的高等级公路上多进行一下亲身体验，多与驾驶员沟通，将实际的感受和当时设计的初衷相比较，将动态和静态的视觉相比较，以便在不同类型类别、不同等级标准、千变万化的线形中不断总结和提炼，为线形设计不断地积累经验。

3.8.4 线形组合中考虑行车速度的问题

据统计，大量公路交通事故是由相邻路段较悬殊的行驶速度差导致的。考虑行车安全的要求，设计中不仅要对局部平纵指标进行平衡，而且要对整体线形的连续性及衔接路段的级差进行控制。通过改善相邻路段线形指标的组合，降低容许速度差，从而消除安全隐患。平曲线半径较小的公路路段，还要充分考虑运行速度因素。如果相邻路段速度差较大，需对线形进行调整，增大低指标或降低高指标。

4 横断面及路侧设计

4.1 横 断 面

4.1.1 横断面的组成

公路的横断面，是指公路中线上各点的法向切面，包括行车道、路肩、中间带(中央分隔带、左侧路缘带)、边沟、护坡等，高速公路和一级公路还有加、减速车道，爬坡车道，避险车道等，见图 4-1。公路横断面及其组成和各部分的尺寸根据公路功能、设计交通量、交通组成、设计车速、地形条件、当地材料等因素确定。

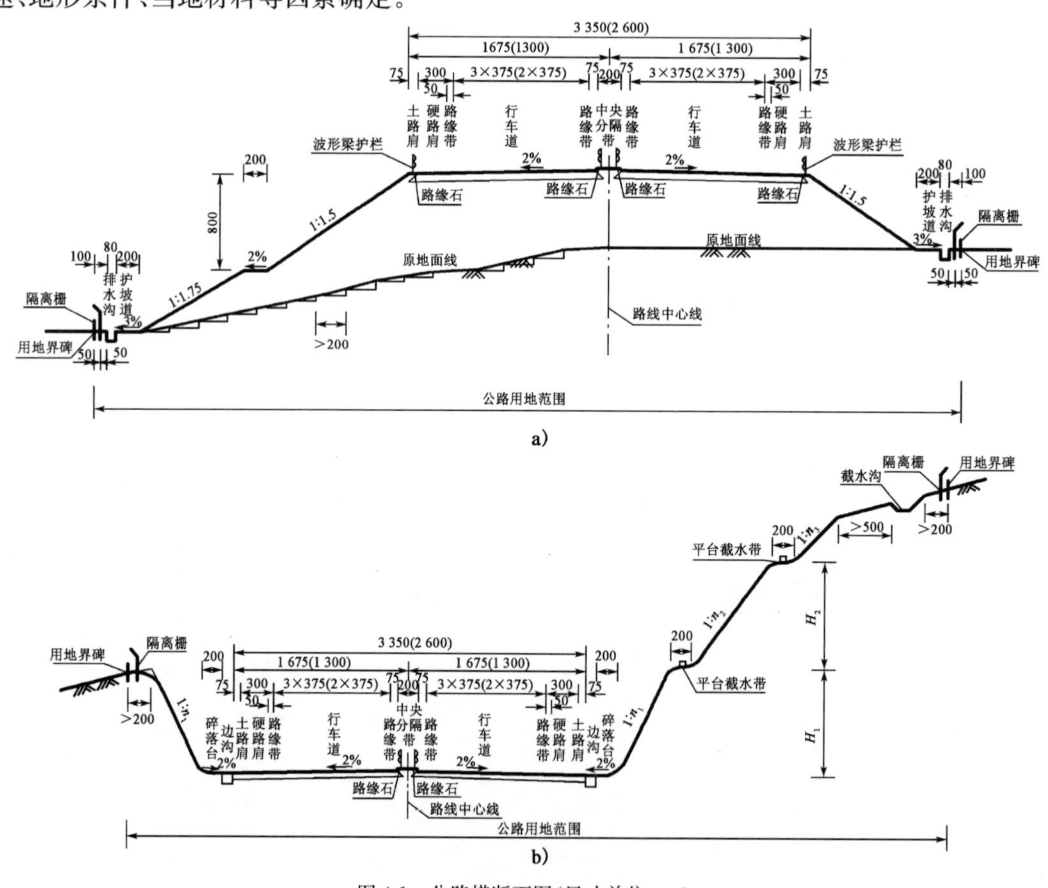

图 4-1 公路横断面图(尺寸单位:cm)

a)填方路基标准横断面;b)挖方路基标准横断面

横断面设计应结合沿线地面横坡、自然条件、工程地质条件等布设。自然横坡较缓时，采用整体式路基断面。在横坡较陡、工程地质复杂时，高速公路、一级公路等可采用分离式路基断面。

（1）行车道

车道是分配给单一纵列车辆行驶的道路部分，车道宽度是为了交通安全和行车顺适而设定的道路宽度，它和汽车大小、交通组成、车速高低有关系。车速增加，车道宽度也要增加。一般来说，公路设计车速为 80km/h 或以上时，车道宽度采用 3.75m；车速为 60km/h、40km/h 时，车道宽度可为 3.5m 或 3.25m；30km/h 以下时，车道宽度可为 3.25m 或 3m。研究表明：在车道宽度范围内（2.75～3.75m），事故概率和频率是随着车道的宽度增加而降低的。

车道数应和公路等级适应，根据预测交通量、服务水平来确定。

（2）中间带

中间带的功能是分开双向交通流、提供失控车辆一个重返行车道的空间、减少对向车灯的眩光、提供未来扩宽车道的空间、提供设置护栏的空间等。高速公路、一级公路必须设置中间带，中间带包括中央分隔带和路缘带，中央分隔带主要为分隔对向交通流的作用，路缘带提供安全行车的侧向余宽，引导驾驶员视线；对安全行车来讲，中间带的宽度越宽越好。这对于中央分隔带的绿化、管道的埋设、左侧安全净空区都有好处，但对于征地比较严格的地区，这可能很难做到，特别是我国现在实行最严格的土地保护政策的情况下。《公路工程技术标准》中规定，中间带的宽度不能小于 2m。《高速公路交通工程及沿线设施设计通用规范》（JTG D80—2006）中规定，中间带宽度大于或等于 12m 时，可不设中央分隔带护栏。

（3）爬坡车道

爬坡车道的设置主要考虑当载货汽车的混合率大时，影响上坡路段的通行能力和行车安全。设置爬坡车道后，将易受坡度影响的载货汽车分流到爬坡车道上行驶，即增加了通行能力，又避免了强行超车的不安全影响。高速公路、一级公路、二级公路的连续上坡路段应设置爬坡车道。但爬坡车道的设置，要综合分析工程投资和运营费用的综合效益。经过验算和技术经济比较后确定。

爬坡车道的宽度为 3.5m，紧靠车道的外侧设置，可利用硬路肩宽度，爬坡车道的外侧应设置路缘带和土路肩。

（4）加速车道、减速车道

加速车道是为了保证驶入干道的车辆在进入干道车流之前，能加速并保证安全汇流所需的距离而设置的车道。减速车道是为了保证车辆驶出干道时能安全减速而设置的车道，高速公路、一级公路的互通式立交、服务区、停车区、公共汽车停靠站、管理与养护设施等与主线相衔接处，应设置加（减）速车道，宽度为 3.5m。

（5）避险车道

在连续长陡下坡，大中型载货汽车比例较高的路段，应该设置避险车道，供失控车辆离开主要车流强制减速并停下来，避险车道坡道长度必须足以消除行驶车辆的动能（图 4-2）。避险车道的长度可采用以下计算公式：

$$L = \frac{v^2}{254(R \pm G)} \tag{4-1}$$

式中：L——停车距离（m），即避险车道的长度；

v——进入速度(km/h)；

G——坡度(%)；

R——滚动阻力系数，砂为 0.15，豆砾石为 0.25。

图 4-2　避险车道

美国的研究表明，大部分失控车辆的驶入速度都低于 140km/h，建议采用的驶入速度为 130km/h 和 140km/h。

避险车道及其设置应满足以下要求：

避险车道可建在直线上或失控车辆不能安全转弯的主线弯道之前，避开人口稠密区，驶出角度宜小于 10°，入口前应保证足够视距。避险车道内线形应采用直线。

车道宽度应足以容纳一辆以上车辆，避险车道右侧应设置专用的救援车道(服务道路)，提高故障车撤离速度，避免二次事故发生。

坡床应采用清洁的、不易压实的、高滚动阻力系数的等粒径材料。

路侧和车道末端采用袋装沙堆或废旧轮胎，避险车道的路侧有可靠的防护设施。

坡床集料采用碎砾石、砾石、砂、豆砾石等松散材料。避险车道坡床材料的深度应为 50～110cm，在避险车道的入口前 30～60m 的路段，材料深度要从 7cm 过渡到正常深度。

制动坡床宽度应不小于 4.5m，服务道路宽度不宜小于 3.5m。

救险锚栓间隔不宜大于 90m。

纵断面上变坡处应设置竖曲线。

(6)错车道

宽 4.5m 的四级公路应每隔一定间距设置错车道，这个间距一般应小于 300m，设置位置应有利于驾驶员看清相邻两个错车道的情况，设置错车道后，公路总宽度应不小于 6.5m，错车道有效长度应大于 20m。

(7)路缘石

路缘石起导向、连接和排水的作用。路缘石有两种形式，一种是栏式的，一种是可穿越的。从安全角度来讲，栏式缘石不能用在设计车速 65km/h 的道路上，并且路缘石是一种路侧障碍物，为防止车辆撞击缘石后弹起、翻车，高速公路、一级公路中央分隔带和路侧设置的可穿越缘石高度不应大于 10cm，且缘石面应和路侧护栏面平齐。

(8)路肩

路肩是在公路上行车道外，与行车道直接相临的部分，路肩设置的目的是为了给行车道的路面、路基提供一个横向支撑力以及作为紧急停车用。路肩的其他作用包括公路养护停车和警察临时停车，在平曲线段提高视距，加强公路表面的排水(一般横坡比行车道大)。同时，路肩还可以作为路侧安全净空区的一部分。路肩可以铺设或不铺设路面，但研究结果表明，铺设了路面的路肩可以为驾驶员提供更加安全的操作环境，同时随着路肩宽度加大，事故数量就降低，这在曲线段尤其明显。

路肩的设置既要考虑安全行车的侧向余宽的需要，也要考虑我国的土地利用情况，二级公路、三级公路、四级公路的路肩宽度要考虑到设置防护设施的需要；左侧硬路肩主要设置在八车道和八车道以上的高速公路上，以方便故障车辆紧急停靠，宽度采用 2.5m。在路面宽度低于 7m 的路上，路肩应硬化。

在高速公路、一级公路的分离式路基段，也应设置左侧路肩，其宽度参考表 4-1。

高速公路、一级公路分离式路基的左侧路肩宽度 表 4-1

设计速度(km/m)	120	100	80	60
左侧硬路肩宽度(m)	1.25	1	0.75	0.75
左侧土路肩宽度(m)	0.75	0.75	0.75	0.5

(9)紧急停车带

对于故障和事故车辆来说，需要一个紧急停靠的地方，这个区域就是紧急停车带，从路侧边缘线算起，紧急停车带宽度为 2～2.5m。紧急停车带是路侧净空区的一部分，紧急停车带要和路面大致一个水平高度，且具有可靠的承载力。

当高速公路、一级公路的右侧硬路肩宽度在连续 1.5km 以上的长度范围小于 2.5m 时，应设置紧急停车带，设置间距不应大于 500m，宽度采用 3.5m。

(10)中央分隔带开口

为了维修、养护、应急抢险的需要，车辆在必要时到反方向车道行驶，设置了中央分隔带开口。在互通式立交、隧道、特大桥、服务区设施前后以及分离式路基的分离前后，都设置中央分隔带开口，其最小间距 2km，开口长度不大于 40m；特殊的、八车道高速公路开口长度不大于 50m。开口处应设置活动护栏。

中央分隔带开口应设置在通视良好路段。

(11)边坡

边坡是指连接行车道与自然地形或横断面上其他结构物的表面。边坡的设计要考虑用地范围、路基高差、交通安全等因素，在条件许可的情况下，尽量采用缓于 1∶6的边坡，更安全、耐冲刷、易维护。

(12)横坡

行车道上设横坡以利排水，雨水能否顺畅排出对于路面的强度和耐久性以及交通安全至关重要，因此路表面标高和平整度应严格控制，不能有积水凹坑，横坡设置大小和路面的类型、材料有关系，建议路面的最小横坡不小于 1.5%。

直线路段的硬路肩设置向外倾斜的横坡，坡度值与车道横坡值相同。路线纵坡平缓，且有拦水缘石时，横坡采用 3%～4%。

在车道或硬路肩的横坡值大于等于 3%时，土路肩的横坡与其坡度相同，当车道或硬路肩的横坡值小于 3%时，土路肩的横坡比车道或硬路肩的横坡值大 1%或 2%。

4.1.2 横断面设计原则

在公路设计时，应最大限度地降低路堤高度，放缓路基边坡，做好防护、排水、取土、弃土等设计，减少对沿线生态的影响，防止水土流失，使公路融入自然。高速公路、一级公路横断面设计时，应尽量提供足够宽的路侧安全净空区，让失控驶出路外的车辆能恢复正常行驶，如达不到要求，则须设置防护设施。二级公路、三级公路可结合工程情况，清除路肩边缘以外净空区内的障碍物，达到安全公路的设计目的。

路基边坡应根据自然、生态、地质等情况采用相适宜的坡率，且随地形、地势变化，边坡坡度尽量缓于 1:6，边坡外形和周围环境融为一体(图 4-3)。

图 4-3　挖方边坡(坡脚、坡顶取消折角)

公路的排水系统应自成体系，满足要求，路侧安全净空区内的边沟断面应选用浅碟式或漫流方式，否则应加盖板。

冬季积雪路段、工程地质病害严重路段，可适当加宽路基，改善行车条件，保障行车安全。

4.2　路 侧 设 计

路侧设计是对路肩外边缘与征地界限之间的地带进行的设计，路侧设计的目的是使失控驶出路外的车辆安全返回或安全停靠。美国的相关统计表明，道路交通事故中所有致命事件的 30%～35%都是由于汽车驶出道路，撞击到路旁的物体上发生的。车辆驶出路外的原因很多，包括驾驶员疲劳或注意力不集中、超速、酒后驾车、躲避对向车辆、恶劣路况、视线不良以及车辆控件失灵等。如何在这些情况下最大限度地保障驾乘人员安全是路侧设计的任务，也是宽容公路的设计理念。

4.2.1　路侧安全净空区

(1)定义

路侧安全净空区是指行车道外边缘往外的一定的区域，这个区域里应无任何危险障碍物，相对平坦，可供失控车辆重新受控。这个区域包括硬路肩、土路肩以及可控制行车的边坡。其宽度根据预测交通量、运行速度以及道路的几何指标而定，见图 4-4。

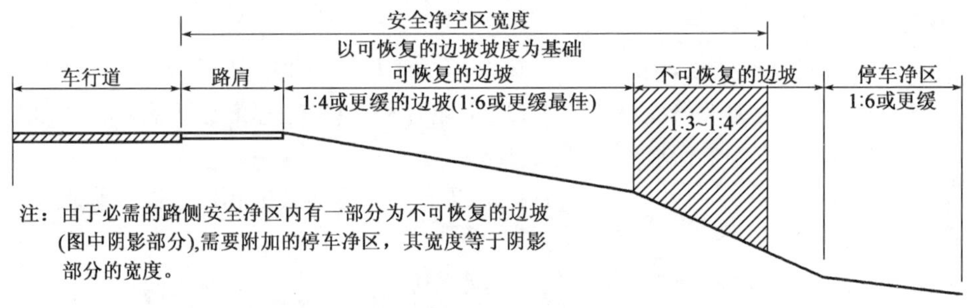

图 4-4　路侧安全净空区

在实际条件许可的情况下，路侧设计中必须满足侧向净空要求，即路侧空间必须可穿越，而且不可有任何会对失控车辆造成严重伤害的障碍物(如树木、立柱、涵洞端墙和陡坡等)，见图 4-5。

图 4-5 路侧安全净空区

(2)路侧安全净区宽度

高速公路及一级公路的直线段的填方段路侧净空宽度为 9m，一般公路(无缘石)为 6m，市区道路(有缘石)为 3m，路侧安全净空区并非常量，与设计车速、交通量和道路几何线形有关。曲线段路侧安全净空区的宽度为直线段安全净空区宽度乘以曲线系数 Fc，最小路侧安全净空区为标准路肩宽度或 1.2m[具体计算可根据《公路项目安全性评价指南》(JTG/T B05—2004)]。

路侧安全净空区的宽度应该调整到使大多数驶出路外的车辆都能在一个平坦的、有承载力的路肩上停住或能返回到行车道，路侧净空区的尺寸的经验值如下(表 4-2)。

路侧净空区的经验值(m) 表 4-2

项 目	干线公路(时速 120k/m)	集散公路(时速 80k/m)	支路公路(时速 60k/m)
理想值	13	6	2.5
最小值	10	4.5	1.5

(3)关于填方边坡

填方边坡坡度陡于 1∶3.5 的边坡上不能行车，不能作为有效安全净空区。

填方坡度在 1∶3.5 和 1∶5.5 之间为临界坡度，驾驶人有较多的机会控制车辆下坡，可以把 1/2 宽度的边坡作为安全净空区。

填方边坡坡度缓于 1∶6时，整个坡面宽度可作为安全净空区(图 4-6)。

(4)路侧净空区内障碍物的处理

在路侧安全净空区内，所有障碍物应按如下顺序处理：

①清除障碍物。

②挪至净空区外。

③通过重新设计排除障碍物。

④控制障碍物、降低障碍物的危险程度到可以接受，如采用解体消能设计。

⑤对障碍物进行防护，设置安全护栏或防撞垫等。

图 4-6 填方边坡的处理

⑥对障碍物进行标示。

前两种方法都是把路侧安全净空区内障碍物消除掉；重新设计是指对路侧净空区内的路肩横坡、路缘石、路基边坡、排水沟、涵洞出口等进行重新设计，使之符合可安全穿越的要求，包括消缓边坡、延长涵洞结构长度，取消涵洞翼墙或使涵洞出口与边坡平齐并加盖，降低路缘石高度，设计成可穿越式的(图 4-7、图 4-8)。

图 4-7　路侧排水边沟加盖板

图 4-8　浅蝶式排水边沟

(5)解体消能结构

解体消能结构是采取一种改进设计，使路侧净空区内的标志柱、灯柱等在动、静荷载下维持正常功能，在遭受车辆撞击时，能通过自身的解体来消耗碰撞能量，达到减轻事故严重度的目的；解体消能结构的设计采取在撞击下弯曲、滑动、断开等解体形式，这种设计应使结构在撞击后允许车辆通过，设施残余不形成障碍。打孔的 U 型扁钢柱、薄弱基础及薄弱横断面是此三种方式的代表。

图 4-9　弱柱式解体消能结构

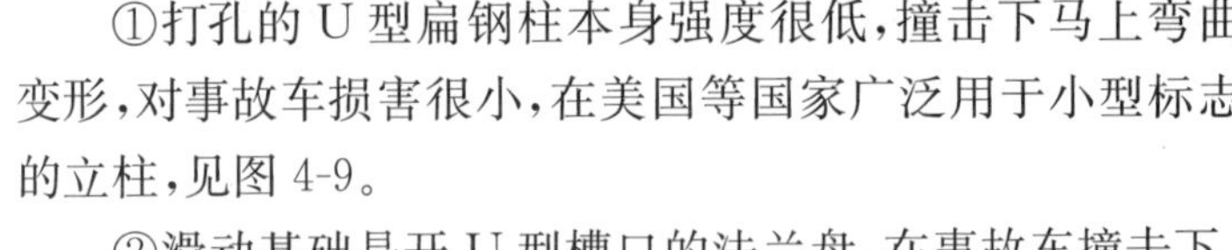

①打孔的 U 型扁钢柱本身强度很低，撞击下马上弯曲变形，对事故车损害很小，在美国等国家广泛用于小型标志的立柱，见图 4-9。

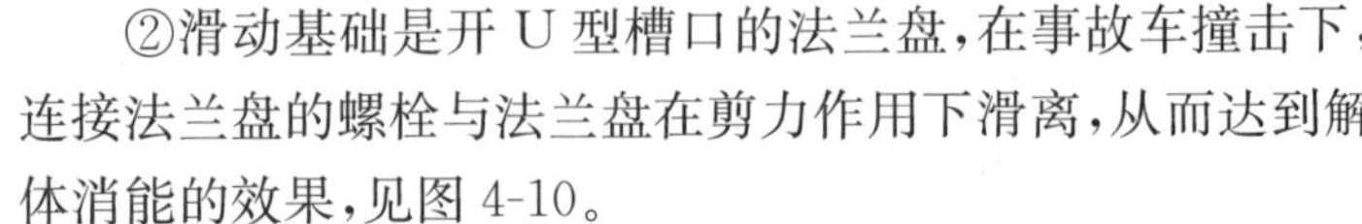

②滑动基础是开 U 型槽口的法兰盘，在事故车撞击下，连接法兰盘的螺栓与法兰盘在剪力作用下滑离，从而达到解体消能的效果，见图 4-10。

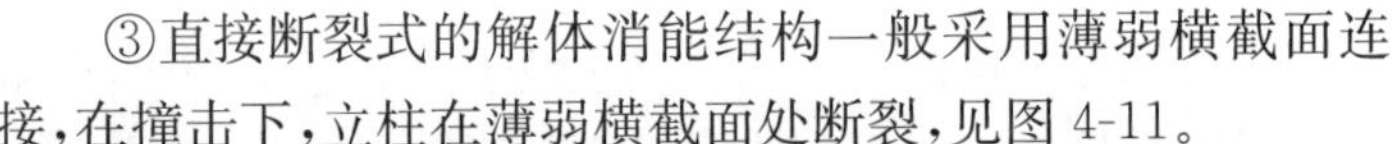

③直接断裂式的解体消能结构一般采用薄弱横截面连接，在撞击下，立柱在薄弱横截面处断裂，见图 4-11。

图 4-10　基础滑动式解体消能结构

解体消能设计中，撞击高度、连接螺栓紧固程度、横截面削弱程度、土密实度等指标必须缜密考虑，既要考虑所设计的结构能经受风、雪及自重的压力，又能在撞击下解体，且解体后的上部结构和残留基础不能对车辆造成二次事故；设计完成的结构必须经过实验验证。

国外最常用的解体消能结构包括小型单柱标志、中型双柱标志、紧急电话、道路照明灯杆等，采用解体消能结构设计的标志版面面积一般不大于 5m^2。

图 4-11 直接断裂式解体消能结构

(6)防护设施

路侧障碍物即不能清除，又不能采用解体消能措施时，只能采用路侧防护设施等进行防护。路侧净空区内的防护设施同样是一种路侧障碍物，设置防护设施防护只是为了防止失控车辆驶离行车道与路侧障碍物或其他车辆相撞，降低事故严重度，因此，路侧安全措施应根据事故可能的严重程度、经济估算、环境影响及美观等因素选择。

防护设施包括护栏、防撞垫、车载缓冲装置及各种连接过渡、端头等。

路侧障碍物分为高路堤和固定障碍物两类，因此路侧护栏也分为防高路堤和防固定障碍物两类。根据刚度不同，护栏又分为柔性、半刚性和刚性护栏，分别以绳索护栏、波形梁护栏和混凝土护栏为代表。路侧护栏的设计包括护栏的选型、布设、结构设计、端头处理和过渡段等，要综合考虑交通量及组成、道路的建筑宽度、填挖方情况、边坡大小、障碍物的种类和距离；还要考虑护栏的防撞性能，包括最大变形量，防护高度，成本，养护，与隧道、桥梁等结构物的配合以及美学特性。

行人护栏的设置目的是保证行人安全、防止车辆驶出行车道、威胁行人安全或防止行人跌落等。

4.2.2 路侧安全等级划分

(1)国外的研究情况

美国是路侧安全研究开始比较早的国家，开始于 20 世纪 60 年代。其已经积累了大量路侧事故资料。根据 AASHTO(美国各州公路工作者协会)所给出的研究成果，每年大约有 60%的死亡事故为单车事故，高速公路上的事故比例更高。在这些事故中，70%的车离开了行车道，或者翻车、或者撞在(路侧的)固定物体上。在 1996 年出版的第一版《Roadside Design Guide》中，AASHTO 系统总结了多年试验研究结果，对公路路侧安全进行了系统论述，在 2002 年出版的第二版《Roadside Design Guide》中对上述内容进行完善，该书即为目前美国公路路侧设计的规范性文件。

美国推荐的路侧事故严重度指数见表 4-3。

美国路侧事故严重度指数　表 4-3

路侧障碍物类型	设计车速(km/h)			
	64	80	96	112
缆索护栏(3 缆式)	2.2	2.5	2.8	3.1
二波形梁护栏	2.4	2.7	3.2	3.5
三波形梁护栏	2.4	2.7	3	3.3
加强二波形梁护栏	2.6	3.1	3.6	4.3
加强三波形梁护栏	2.6	3.1	3.6	4.3
斜坡混凝土护栏	2.3	2.7	3.4	4.3
直墙式护栏	2.6	3.1	3.8	4.5
绳索护栏端部	2.3	2.8	3.5	4.4
波形梁护栏埋入式端头	2.7	3.2	3.9	4.6
波形梁解体消能式端头	2.7	3.2	3.9	4.6
三波形梁护栏端部	2.9	3.4	4.1	4.8
混凝土护栏长斜坡式端部	2.9	3.4	4.1	4.8
路侧孤石等	3.8	4.6	5.5	6.5
注水防撞垫	2.3	2.7	3	3.3
能量吸收式防撞垫	2.3	2.7	3	3.3
钢制沙桶	2.3	2.7	3	3.3
塑料制沙桶	2.3	2.7	3	3.3
路堤(边坡 1:10)	0.4	1.1	1.8	2.5
路堤(边坡 1:6)	1.2	1.7	2.6	3.1
路堤(边坡 1:4)	2	2.7	3.6	4.5
路堤(边坡 1:3)	2.2	3.1	4	4.9
路堤(边坡 1:2)	3.4	4.3	5.4	6.8
直径小于 10cm 的树	1.5	1.9	2.3	2.7
直径大于 10cm 的树	3.8	4.6	5.5	6.5
灯柱	3.8	4.6	5.5	6.5
桥墩	3.8	4.6	5.5	6.5
单/双柱标志	3.4	4.2	5.3	6.3
悬臂式/门架式标志	3.8	4.6	5.5	6.5
断裂式解体消能标志	0.8	1.1	1.6	2.1
弯曲式解体消能标志	1	1.3	1.8	2.3
刚性基础灯柱	3.8	4.6	5.5	6.5
解体消能灯柱	2.2	2.5	2.8	3.1
高度小于 10cm 的基础	0.8	1.4	1.9	2.4
高度 10～25cm 的基础	1.8	2.5	3	3.7

续上表

路侧障碍物类型	设计车速(km/h)			
	64	80	96	112
高度大于 25cm 的基础	3.8	4.6	5.5	6.5
缘石(高度小于 15cm)	0.8	1.4	1.9	2.4
缘石(高度 15～25cm)	1.9	2.4	3	3.5
缘石(高度大于 25cm)	2.9	3.4	4.1	4.8
隔离栅	1.6	2.3	2.8	3.1

(2)国内的研究情况

国内对路侧安全的研究开始较晚,早期我国的公路交通事故比较少,这和我国的公路密度较低,机动车辆较少有关系。随着我国国民经济的腾飞,公路事业迅速发展,机动车辆保有量增加很快,道路交通事故也随着大幅度增加,国内很多学者在 20 世纪 90 年代开始对路侧安全进行关注,同济大学的景天然、杨家琪翻译了前苏联巴布可夫的《道路条件与交通安全》,赵恩棠、刘唏柏在 20 世纪 90 年代末出版了《道路交通安全》,这些著作系统地论述了影响道路交通安全的因素,并进行了分析;交通运输部公路科学研究所在交通运输部西部交通建设科技项目《公路路侧安全等级评估及防护方法研究》中比较早的开展路侧安全系统研究,现在已经取得了阶段性成果。项目通过对低等级双车道公路(二级、三级和四级)的路侧事故规律进行剖析,从事故发生位置、车辆构成、事故形态等方面对路侧事故进行了分析。四川省交通厅于 2003 年立项,开展了"山区路侧危险度划分方法的研究",提出了路侧危险度的概念和计算方法,进而提出了不同危险度情况下应设置的防护设施类型,这项研究对路侧危险度的划分方法是通过分析路侧地形与事故伤亡数据资料,找出路侧边坡高度、边坡坡度、坡角状态与机动车乘员伤亡之间的关系,提出了用于划分路侧危险度的 HB 值计算方法。

下面重点介绍"山区路侧危险度划分方法的研究"一文中 HB 值的计算方法。

文中对陡崖段坠车事故做了统计,见表 4-4。从表中可以看出边坡高度与乘员伤亡的关系:

①车辆坠崖的死亡率大致在 40%左右,受伤率大致在 50%以上,伤亡率在 90%以上;

②边坡高度在 10m 以下的死伤率明显低于 10m 以上的死伤率;

③每起事故的死伤人数随着边坡高度的增大而增大,说明高边坡路段更容易造成群死群伤。

陡崖路段坠车事故伤亡人数统计 表 4-4

边坡高度(m)	死亡		受伤		伤亡合计		总人数(人)	事故数(起)	平均死亡人数(人/起)	平均受伤人数(人/起)
	人数(人)	%	人数(人)	%	人数(人)	%				
<10	56	30.3	81	43.8	137	74.1	185	8	7	10.1
10～30	100	37.2	152	56.5	252	93.7	269	10	10	15.2
30～50	110	39.7	162	58.5	272	98.2	277	10	11	16.2
50～100	151	40.5	176	47.2	327	87.7	373	13	11.6	13.5
>100	116	35	183	55.3	299	90.3	331	9	12.9	20.3
合计	533	37.1	754	52.5	1 287	89.6	1 435	50	10.7	15.1

文中也对车辆落入水中的情况进行了统计(表 4-5)并和坠崖的情况进行了一下对比(表 4-6),车辆落水事故资料主要是坠桥事故,从对比可以看出:

①车辆坠落水中的死亡率大致为 50%,明显高于坠落陆地;

②车辆坠落水中的受伤率大致为 40%,明显低于坠落陆地;

③车辆坠落陆地和水中的死伤率接近,均在 90%左右。

桥梁路段坠车事故伤亡人数统计 表 4-5

桥梁高度(m)	死亡		受伤		伤亡合计		总人数(人)	事故数(起)	平均死亡人数(人/起)	平均受伤人数(人/起)
	人数(人)	%	人数(人)	%	人数(人)	%				
<10	65	48.1	63	46.7	128	94.8	135	5	13	12.6
>10	194	53	138	37.7	332	90.7	366	13	14.9	10.6
合计	259	51.7	201	40.1	460	91.8	501	18	14.4	11.2

车辆落入水中和陆地上人员伤亡情况的对比 表 4-6

项目	死亡		受伤		伤亡合计		总人数(人)	事故数(起)	平均死亡人数(人/起)	平均受伤人数(人/起)
	人数(人)	%	人数(人)	%	人数(人)	%				
坠崖	533	37.1	754	52.5	1 287	89.6	1 435	50	10.7	15.1
坠桥	259	51.7	201	40.1	460	91.8	501	18	14.4	11.2

从以上的实例,可以看出,路侧事故的严重度是不同的,影响因素很多,但主要和路侧的情况有很大关系。根据这些数据,并对路侧其他情况做了一下推论,文章中总结出了用于划分路侧危险度的 HB 值计算方法。计算公式如下:

$$\text{HB 值} = K1 \times K2 \times (A1 \times A2) \tag{4-2}$$

式中:A1、A2——分别代表边坡高度和坡度,是表征 HB 值的主体参数;

K1、K2——分别代表坡脚状况和重要构造物,表征这两个参数对路侧事故的放大系数。

四个参数对路侧危险程度的影响大小是不同的,通过对参数取值的调整来实现其对计算结果的影响,参数的取值采用“专家打分法”。危险度参数取值见表 4-7。

危险度参数取值 表 4-7

边坡高度	高度(m)	0~5	5~10	10~30	30~50	>50
	危险度分值(A1)	1	2	3	4	5
边坡坡度	坡度	<1:4	1:2~1:4	1:1~1:2	1:0.5~1:1	>1:0.5
	危险度分值(A2)	1	2	3	4	5
坡脚状态	坡脚状态	土地	水深<1.5m	乱石、水深1.5~3.5m	水深>3.5m	
	危险度分值(K1)	1	1.2	2	12	
二次事故	严重程度	无	一般	严重	特别严重	
	危险度分值(K2)	1	2	3	5	

通过 HB 取值的不同来表征路侧危险度的大小，由上述划分原则将一般公路的路侧危险度划分为 3 个级别，见表 4-8。这种划分方法一定程度上解决了路侧危险度的量化问题，有助于有针对的进行路侧防护设施的设计；但这种划分方法的 HB 取值差别比较大，各种 HB 值之间并没有一种危险程度的比例关系，只是一种相对危险程度的划分。

危险度级别划分 表 4-8

路侧危险度级别	HB 值	安全防护目标
一度	<3.5	不需要防护
二度	3.5～10.5	一定程度的防护
三度	>10.5	重点防护

(3)路侧事故严重度指数划分

目前，仅根据事故资料来预测各种路侧事故严重度还有一定困难。一方面，交通警察部门记录的原始事故资料不够准确和完善，没有记录发生碰撞事故的路侧条件；另一方面，要获得很完整的事故原始数据有时是不可能和不经济的。我们现在的主要研究方法是把现有事故资料进行定性分析，得出某一种路侧危险物事故严重度指数与碰撞条件等的关系，然后根据规范的相关规定，细化路侧安全的分级。得出这个分级系统以后，可以再用以后的事故数据来验证和改进这个划分。

按照可能造成的人员伤亡和事故损失，公安部以及《中华人民共和国道路交通管理条例》将交通事故分为四类，分别为：

轻微事故，是指一次造成轻伤 1 至 2 人，或者财产损失机动车事故不足 1 000 元，非机动车事故不足 200 元的事故。

一般事故，是指一次造成重伤 1 至 2 人，或者轻伤 3 人以上，或者财产损失不足 3 万元的事故。

重大事故，是指一次造成死亡 1 至 2 人，或者重伤 3 人以上 10 人以下，或者财产损失 3 万元以上不足 6 万元的事故。

特大事故，是指一次造成死亡 3 人以上；或者重伤 11 人以上；或者死亡 1 人，同时重伤 8 人以上；或者死亡 2 人，同时重伤 5 人以上；或者财产损失 6 万元以上的事故。

根据美国的事故严重度指数值，结合我国的安全设施设计规范及公安部门对交通事故的划分，我们把路侧危险度按照事故造成的损失、后果分成四种基本的数值：

①路侧事故严重度——低，ASI＝2(轻微事故)；

②路侧事故严重度——中，ASI＝3(一般事故或重大事故)；

③路侧事故严重度——高，ASI＝4(单车特大事故或二次重大事故)；

④路侧事故严重度——特高，ASI＝5(二次特大事故)。

同时，把路侧出现的情况按照出现的次数，每种危险情况给以 ASI＝0.1 的分值相加，即：路侧危险度指数 ASI＝路侧危险度指数基本值＋0.1×路侧危险情况数目。

路侧净空区内无任何障碍物，车辆能安全返回的路段。路侧事故严重度指数定为 ASI＝1。

根据此原则，可把规范中的相关路侧类型给以设定的路侧危险度指数：

第一类：

车辆驶出路外只是造成轻微事故的路段(路侧危险度指数基本值为 2，每个因素增加 0.1 的指数值)。

①三、四级公路边坡坡度和路堤高度在图 4-12 中的 III 区内的路段；

②路侧净空区内有高度小于 15cm 的缘石及基础、直径小于 10cm 的树木；

③路侧净空区内有波形梁护栏防护的障碍物；

④路侧净空区内有解体消能标志柱、灯柱等结构的路段；

⑤其他情况。

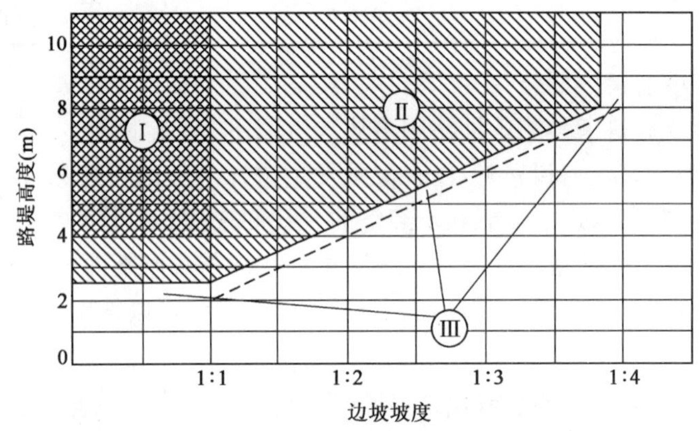

图 4-12　边坡坡度、路堤高度与设置护栏的关系

第二类：

车辆驶出路外有可能造成一般或重大事故的路段(路侧危险度指数基本值为 3，每个因素增加 0.1 的指数值)：

①二级及以上公路边坡坡度和路堤高度在图 4-12 的 II 区斜线阴影范围以内，路堤高度小于 8m 的路段；

②高速公路、一级公路路侧安全净区内设有车辆不能安全穿越的照明灯、摄像机、可变信息标志、交通标志、路堑支撑壁、隔音墙、上跨桥梁的桥墩或桥台等设施的路段；

③二级及以上公路路侧边沟无盖板、车辆无法安全穿越的挖方路段；

④三、四级公路路侧有悬崖、深谷、深沟等的路段；

⑤二级及以上公路边坡坡度和路堤高度在图 4-12 的 III 区内的路段，三、四级公路边坡坡度和路堤高度在图 4-12 中 I 区内的路段；

⑥二级及以上公路纵坡大于或等于现行《公路工程技术标准》(JTG B01—2003)规定的最大纵坡值的下坡路段和连续长下坡路段；

⑦二级及以上公路平曲线半径小于现行《公路工程技术标准》(JTG B01—2003)一般最小半径的路段外侧；

⑧在高速公路、一级公路用地范围内存在粗糙的石方开挖断面、高出路面 30cm 以上的混凝土基础、挡土墙或大孤石等障碍物时；

⑨高速公路、一级公路互通式立体交叉出口匝道的三角地带及匝道小半径圆曲线外侧；

⑩其他情况。

第三类：

车辆驶出路外有可能造成单车特大事故或二次重大事故的路段（路侧危险度指数基本值为4，每个因素增加0.1的指数值）：

①二级及以上公路边坡坡度和路堤高度在图4-12的I区方格阴影范围以内的路段；

②二级及以上公路边坡坡度和路堤高度在图4-12的II区斜线阴影范围以内，路堤高度大于8m的路段；

③路侧有悬崖、深谷、深沟等的路段；

④路侧有江、河、湖、海、沼泽、航道等水域的路段；

⑤二级及以上公路上跨二级公路的路段；

⑥与高速公路并行，路侧有房屋、输电线塔、危险品储藏仓库等；

⑦其他情况。

第四类：

车辆驶出路外有可能造成二次特大事故的路段（路侧危险度指数基本值为5，每个因素增加0.1的指数值）：

①公路上跨高速铁路的路段；

②高速公路、一级公路上跨高速公路、一级公路的路段；

③其他情况。

以上事故严重度指数应用举例说明如下：

如果路侧情况属于第三类，高速公路路侧边坡坡度为1∶1.5，路堤高度为10m，上跨一级公路，则此路段的事故严重度指数为ASI＝3＋0.1＋0.1＝3.2。

道路等级、设计车速也是影响事故严重度的因素，为简化计，给以一个调整系数K。我们以双向四车道高速公路为标准，设计车速100km/h，具有这些指标的公路，其调整系数为标准值（K＝1），其他等级公路根据设计车速考虑后的调整系数见表4-9。

事故严重度指数调整系数 表4-9

公路等级	高速公路			一级公路			二、三、四级公路		
设计车速（km/h）	120	100	80	100	80	60	80	60	40
K	1.2	1.2	1	1	0.8	0.8	0.8	0.7	0.7

4.2.3 防护措施

（1）路侧护栏

在我国的高速公路及一级公路的设计实践中，针对不同的路侧危险度等级，防护措施如下：

①路侧净空区内没有固定障碍物，边坡大于1∶4的填方路段，或者路侧边坡小于1∶4但填土高度小于3m的填方路段；有盖板的挖方路段；路侧净空区内有障碍物，但为临时性的，或者可以移走以及可以做成解体消能结构的障碍物等，这种情况定义为路侧事故严重度低，这些路段路侧可以不设置护栏。

②填土高度大于 3m、小于 8m 的一般路段(1∶1.5 边坡);无盖板的挖方路段或粗糙的石方开挖断面;路基宽度发生变化的渐变段;曲线半径小于一般最小半径的路段;在距土路肩边缘 1m 范围内有大型标志结构、照明灯柱、紧急电话、大孤石、上跨桥的桥墩、隔音墙、高出路面 30cm 以上的混凝土基础、挡土墙等构造物;道路纵坡大于 4%的下坡路段;多雾路段;隧道出入口处等可能造成伤害事故的路段,这种情况定义为路侧事故严重度中,一般设置 A 级护栏防护,见图 4-13(以 A 级波形梁护栏为例,双波梁钢护栏,板厚 4mm,Φ140 立柱,防阻块),形式为 Gr-A-4E(柱距 4m,基础埋设于土中)/Gr-A-2E(柱距 2m,基础埋设于土中)/Gr-A-2B(柱距 2m,基础埋设构造物基础中)/Grb-A-2C(柱距 2m,基础埋设混凝土基础中)。

③高速公路及一级公路填土高度大于 8m、小于 12m 的路段一般设置 A 级或 SB 级护栏防护。高速公路及一级公路填土高度大于 12m 的一般路段;互通立交进出口匝道的三角地带及匝道小半径弯道外侧;距路基坡脚 1.0m 范围内有江、河、湖、海、沼泽等水域,车辆掉入会有极大危险的路段;中小桥、涵洞路侧及大中小桥两端或高架桥两端与路基连接部分;服务区、停车区或公共汽车停车处的变速车道区段及分合流三角区段等可能造成重大伤害的路段等,这种情况定义为路侧事故严重度高,设置 SB 级或 SA 级护栏,见图 4-14(以 SB 级波形梁护栏为例,三波梁钢护栏,板厚 4mm,方形立柱,防阻块),形式为 Gr-SB-2E(柱距 2m,基础埋设于土中)/Gr-SB-2B(柱距 2m,基础埋设于构造物基础中)/Gr-SB-2C(柱距 2m,基础埋设于混凝土基础中)/Gr-SA-2E(柱距 2m,基础埋设于土中)/Gr-SA-2B(柱距 2m,基础埋设于构造物基础中)/Gr-SA-2C(柱距 2m,基础埋设于混凝土基础中)。

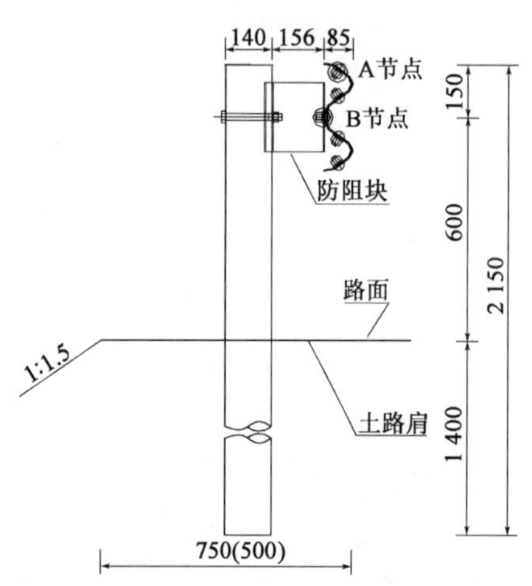

图 4-13　A 级波形梁护栏(单位尺寸:mm)

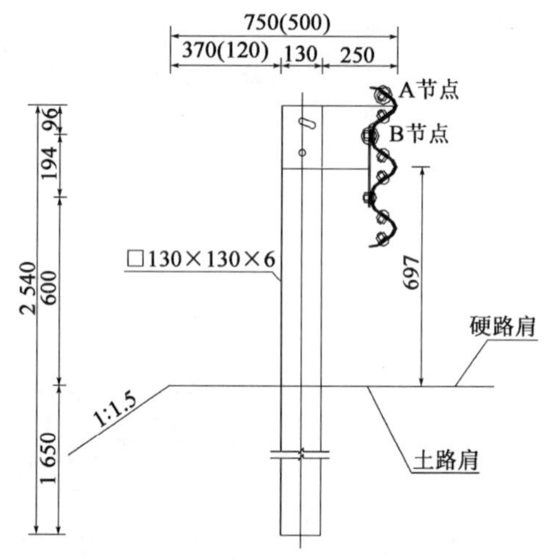

图 4-14　SB 级波形梁护栏(单位尺寸:mm)

④高速公路及一级公路填土高度大于 12m 的路段且有长下坡或长直线接小半径曲线等情况;填土高度大于 12m 的挡土墙路段;与铁路、公路相交或平行,车辆有可能跌落或闯入到相交铁路或其他公路上的路段等可能造成严重事故的路段;跨越干线高速铁路或平行,距离较近车辆有可能跌落或闯入到相交铁路或其他公路上的路段;跨越通航等级高、繁忙的河道;集装箱占有率相当高的路段等可能造成特别严重事故的路段,这种情况定义为路侧事故严重度特高,设置 SA 级或 SS 级护栏,见图 4-15(以 SA 级波形梁护栏为例)。形式为 Gr-SA-2E(柱距 2m,基础埋设于土中)/Gr-SA-2B(柱距 2m,基础埋设于构造物基础

中)/Gr-SA-2C(柱距 2m,基础埋设于混凝土基础中)/Gr-SS-2E(柱距 2m,基础埋设于土中)/Gr-SS-1B(柱距 1m,基础埋设于构造物基础中)/Gr-SS-2C(柱距 2m,基础埋设于混凝土基础中)。

二、三、四级公路的路侧安全设计根据上述原则,结合交通量大小,公路重要性、交通组成、可使用的建设资金等综合考虑,不同地区、不同路段的高速公路也要综合考虑公路性质、交通量大小、公路横断面及交通组成等因素,提高或降低护栏的防护等级。

护栏是靠整体作为连续梁来起到防护作用的,护栏设置长度过短,不仅影响美观,而且不能发挥护栏的导向功能,增加碰撞的危险性,因此,护栏有发挥作用的最小长度。碰撞实验、仿真分析以及实地调查结果表明,高速公路、一级公路上设置的波形梁护栏的最小设置长度不宜小于 70m;二级公路上,其最小设置长度不宜小于 48m;三、四级公路上,其最小设置长度不宜小于 28m;混凝土护栏自重大,整体性好,在高速公路、一级公路上最小设置长度为 36m,二级公路上最小设置长度为 24m,三、四级公路,最小设置长度为 12m。护栏的最小设置长度包括标准段、渐变段和端头等的总长度。

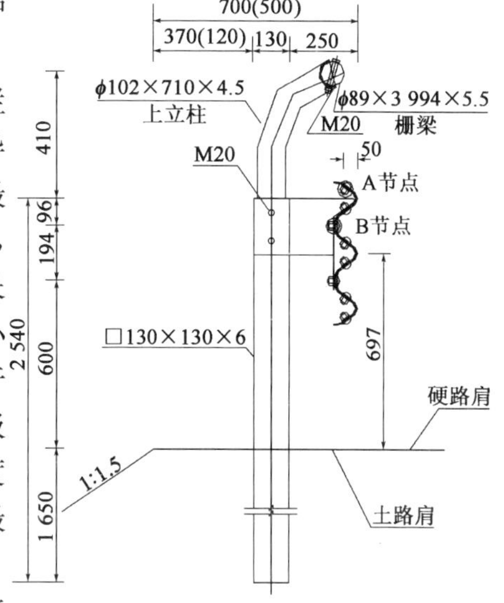

图 4-15 SA 级波形梁护栏(单位尺寸:mm)

在设计护栏防护障碍物时,要注意各种护栏的挠度,护栏离障碍物的最小距离要大于最大挠度。波形梁护栏的变形量见表 4-10。

波形梁护栏实测最大变形量 表 4-10

序 号	柱间距(m)	波形梁类型	碰撞角度(°)	最大挠度(mm)
1	2	双波形梁	25	754
2	1	双波形梁	25	597
3	2	双波重叠	25	702
4	1	双波重叠	25	498
5	2	三波形梁	25	716

(2)护栏过渡段处理

不同形式、不同刚度的护栏之间均应进行过渡处理,以保持护栏的连续性,防止事故车辆在护栏不连续的地方穿过。通过过渡段的设置还保证了护栏整体刚度的逐渐过渡,避免了大刚度护栏成为路侧障碍物。

图 4-16～图 4-19 为不同刚度的护栏之间的过渡示例,图 4-16 为缆索护栏与波形梁护栏之间的过渡,图 4-17 为双波形梁钢护栏、三波形梁护栏之间的过渡示例,图 4-18 为双波形梁钢护栏与混凝土护栏之间的过渡示例,图 4-19 为两道波形梁钢护栏与混凝土护栏之间的过渡示例。

图 4-16 缆索护栏与双波形梁钢护栏之间的过渡

图 4-17 双波形梁钢护栏与三波形梁护栏之间的过渡

图 4-18 双波形梁钢护栏与混凝土护栏之间的过渡

图 4-19 两道波形梁钢护栏与混凝土护栏之间的过渡

护栏过渡段不宜太频繁，否则施工复杂，也影响景观。两种不同防护等级的护栏过渡，应选择防护等级较高的护栏，设置达到其最小设置长度。

(3)端头处理

护栏端部应进行妥善处理，以免失控车辆失稳、翻车或被护栏端部穿透造成重大交通事故。

传统的斜坡地锚式端头容易导致失控车辆沿着斜坡上爬，直立式端头在被撞击时容易刺穿车辆驾驶室，从而导致恶性交通事故的发生。图 4-20 所示护栏起点处的端头处理要安全得多。护栏起点处位于低填方路段时，护栏端头要尽量向外伸展。

图 4-20 护栏起点处端头处理

现在国外常用的一种类型的护栏端头为可解体消能的护栏端头。车辆在撞击端头后，端头通过压缩、材料破碎等吸收碰撞能量，达到降低事故严重度的目的，见图 4-21。

图 4-21　可解体消能式护栏端头

互通立交出入口处由于车辆运行速度差较大，如不进行妥善处理，车辆容易冲向三角带圆形端头。图 4-22 所示三角带处设置了解体消能结构，该结构是惯量传递型防撞垫的一种，通过碰撞车的惯量传递给解体消能结构以消能，达到保护车上人员安全的目的。

图 4-23 所示端部处理结构其实为护栏的终点端头和起点端头的组合，能有效地保障紧急电话使用者的安全。

图 4-22　三角带端头处理

图 4-23　紧急电话开口处护栏端头处理

(4)隧道洞口处理

隧道进出洞口处由于内、外亮度和横断面宽度不一致，如不加处理，非常容易诱发交通事故，因此路侧护栏应延伸至洞内。图 4-24 为处理示例。

图 4-24　隧道洞口护栏处理示例

4.2.4　路侧设计其他措施

(1)隆声带

隆声带也叫震鸣带，主要是给驶出车行道外的驾驶员以震动提醒，以使驾驶员返回行车道，提高行车安全。震鸣带主要有三种形式，第一种形式为路面施工时随摊铺而轧入的，称轧入式（图 4-25）；另一种形式是路面形成后铣刨坑槽，称铣刨式（图4-26）；第三种形式为热塑标线式（图 4-27）。

图 4-25 轧入式震鸣带示例

图 4-26 铣刨式震鸣带示例

图 4-27 热塑标线式震鸣带示例

在我国，由于南方雨水多，轧入式和铣刨式震鸣带易积水，建议采用热塑标线式；北方由于气候寒冷，热塑标线易开裂，耐久性差，建议采用轧入式和铣刨式震鸣带。

震鸣带的宽度最好不超过 300mm，如路肩小于 1.5m，则只可安装热塑标线式震鸣带。

（2）防撞垫

防撞垫是设置在路侧或出口匝道三角带或混凝土桥梁墩台等障碍物前，起缓冲作用的一种安全设施，目的是为了降低事故的严重度，并正确导向。依据其工作特性分为压缩吸能型和惯量传递型。压缩吸能型防撞垫通过自身的变形或破碎来吸收能量。这种类型的防撞垫必须有一个刚性支座来支撑（图 4-28），其原理可表示如下式：

$$\frac{1}{2}mv^2 = E + E_1 + E_2 + E_3 + \cdots \tag{4-3}$$

式中：m——失控（碰撞）车辆质量（kg）；

v——失控（碰撞）车辆速度（m/s）；

E——失控（碰撞）车辆变形能量（J）；

E_1、E_2、E_3…——防撞垫（被解体物体）所吸收的能量（J）。

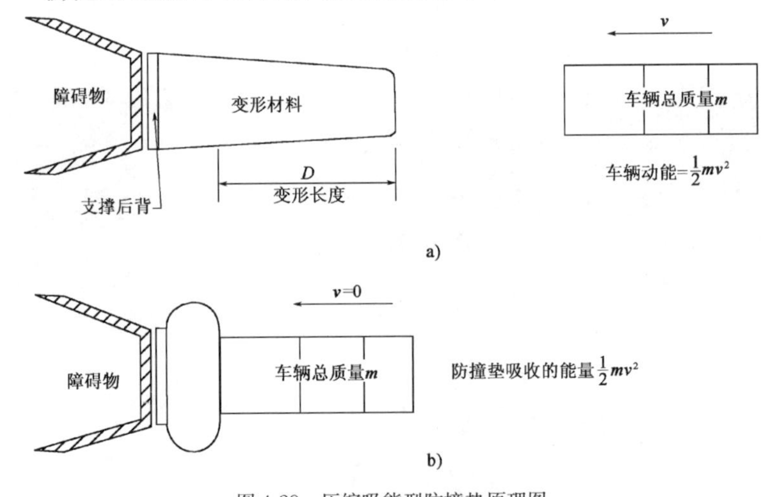

图 4-28 压缩吸能型防撞垫原理图

a）碰撞前；b）碰撞后

惯量传递型防撞垫是通过将碰撞车辆的惯量传递给其他物质以消能，这种类型的防撞垫不需要刚性支撑（图 4-29），其原理可表示为下式：

$$m_v v_0 = m_v v_1 + m_1 v_1 \tag{4-4}$$

式中：m_v——车辆的质量（kg）；

v_0——车辆碰撞前的速度（m/s）；

m_1——防撞垫的质量（kg）；

v_1——碰撞后防撞垫的速度（m/s）。

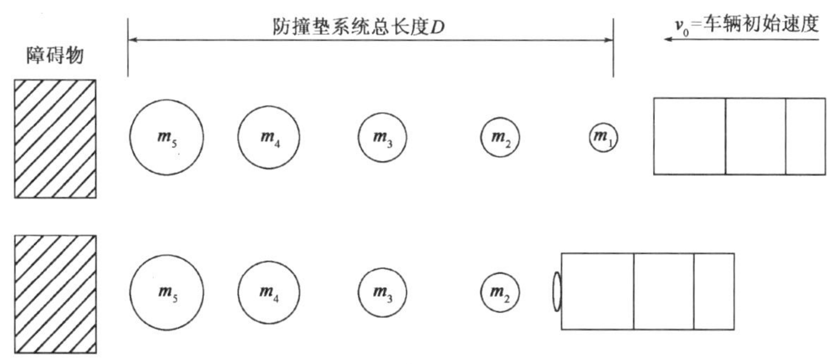

图 4-29　惯量传递型防撞垫原理图

防撞垫的设计原则和路侧护栏的设计原则一致：只有在障碍物无法移走，无法解体消能，或者无法采取有效保护时才安装。防撞垫设计的其他考虑因素包括场地的特点、防撞垫本身的防护特性、养护特性和成本以及养护必需的空间等，设计时还要考虑道路设计车速、交通特点、碰撞频率、障碍物的高度和宽度等。图4-30、图 4-31 分别为两种最常用的防撞垫。

图 4-30　压缩吸能型防撞垫示例

图 4-31　惯量传递型防撞垫示例

5 构造物安全设计

5.1 桥　　梁

5.1.1 桥梁护栏及其与路基段的过渡

(1)桥梁护栏的防撞等级

桥梁护栏是指设置于桥梁上的护栏，用以防止失控车辆从桥梁上跌落。一般情况下，车辆越出桥外的事故比越出路基的事故严重程度高，应选择比路基段防撞等级高的护栏，有些国家为此建立了路基护栏和桥梁护栏两套防撞等级体系。但从护栏体系而言，路基护栏和桥梁护栏对某些种类的护栏是通用的，因此一些国家的路基护栏和桥梁护栏是同一套体系。

我国从2006年9月1日开始实施的《公路交通安全设施设计规范》(JTG D81—2006)(以下简称《规范》)及《公路交通安全设施设计细则》(JTG/T D81—2006)(以下简称《细则》)将路侧桥梁护栏防撞等级分为B、A、SB、SA、SS五级，中央分隔带桥梁护栏防撞等级分为A_m、SB_m、SA_m三级。这与路基护栏的防撞等级分类是一致的。而在此之前的《高速公路交通安全设施设计及施工技术规范》(JTJ 074—1994)则是将路侧及中央分隔带桥梁护栏分为PL1、PL2、PL3三个防撞等级，与路基护栏的防撞等级划分并不一致。路基路侧护栏有A、S两级，中央分隔带护栏有A_m、S_m两级。

(2)桥梁护栏的设置原则

桥梁护栏按如下原则进行设置：

高速公路桥梁的外侧和中央分隔带必须设置桥梁护栏。

作为干线公路的一级、二级公路桥梁必须设置路侧护栏，作为干线公路的一级公路桥梁必须设置中央分隔带护栏。

作为集散公路的一级、二级公路桥梁应设置路侧护栏，作为集散公路的一级公路桥梁宜设置中央分隔带护栏。

跨越深谷、深沟、江河湖泊的三、四级公路桥梁应设置路侧护栏，位于其他路段经综合论证可不设置护栏的桥梁应设置视线诱导设施或人行栏杆。

根据车辆驶出路外或进入对向车行道有可能造成的交通事故等级，应按表5-1的规定选取桥梁护栏的防撞等级。在因桥梁线形、车辆运行速度、桥梁高度、交通量和车辆构成等因素易造成更严重碰撞后果的路段，应在表5-1的基础上提高护栏的防撞等级。

(3)桥梁护栏的型式选择

虽然桥梁护栏的建造成本只占桥梁总建造费用的很小一部分，但是型式的选择对其安全、美观、耐用、养护等方面仍具有很大的影响。桥梁护栏应与桥梁型式、桥梁周围的自然景观相协调,起到美化桥梁建筑的作用。

桥梁护栏防撞等级适用条件 表 5-1

公路等级	设计速度(km/h)	车辆驶出桥外有可能造成的交通事故等级	
		重大事故或特大事故	二次重大事故或二次特大事故
高速公路	120	SB、SB_m	SS
高速公路、一级公路	100、80	SB、SB_m	SA、SA_m
一级公路	60	A、A_m	SB、SB_m
二级公路	80、60	A	SB
三级公路	40、30	B	A
四级公路	20	B	A

桥梁护栏可分为钢筋混凝土墙式护栏、梁柱式刚性护栏、金属梁柱式半刚性护栏和组合式护栏。

在选择桥梁护栏时要考虑五个因素:防撞性能、协同性、成本、现场经验和美观。

①防撞性能。《细则》所推荐的桥梁护栏型式均有足够的强度可以拦住车辆,且具有良好的导向性,可从中进行选择。同时应注意:

a. 未设置专用人行道或人行道未与车行道隔离设置的桥梁,应在综合分析车辆越出桥外是否会发生二次事故的基础上,按表 5-1 中的规定选取。桥梁护栏应根据需要设置用于防止行人摔出桥外且受撞击后不飞散的辅助构件。

b. 人行道与行车道隔离设置的桥梁,在人行道与车行道分界处应按车辆驶出桥外可能造成重大、特大事故的等级按表 5-1 中的规定选取;在人行道的外侧边缘,应设置高度为 110~120cm 的人行栏杆。

②协同性。桥梁护栏型式的选择还要考虑到其与两端路基护栏的协同问题,要将桥梁护栏认为是整个路侧护栏系统的一部分,并作为一个整体发挥作用。当桥梁两端护栏在强度、高度、变形量等参数上与桥梁护栏差别很大时,就必须设置过渡段。有关过渡段的处理后面的章节还会详细描述。

③成本。成本一般分为三个部分:初始建设成本、养护成本以及车辆撞击护栏后导致的损失。一般情况下,护栏的初期建设成本会随着防撞等级的增加而增加,但养护成本会减少;相反,初期建设成本低,则随后的养护成本会大大增加。发生事故后,半刚性护栏比刚性或高强度护栏需要更多的养护。

采用半刚性护栏时,应当尽可能进行标准化设计,从而避免护栏构件更换成为问题。从维护的角度看,护栏应设计成对桥面板没有损害或损害最小的形式。

事故损失包括车辆和人员的损害。通常,当车辆撞击护栏而无法改变行进方向时,将导致更大的事故损害。

④现场经验。公路设计或管理人员应该对现在正广泛使用的桥梁护栏的性能进行评价,看是否满足设计要求。通过分析碰撞过程,统计损害程度及修补费用,可以选择是采用另一种更好的护栏型式,还是对现有护栏型式进行修正,以改善防撞性能或减小维护费用。

⑤美观。美观通常不是选择护栏型式的控制因素，但旅游公路或对景观要求高的公路除外。这种情况下，可选择外观自然、能与周边环境融为一体且具有相应防撞等级的护栏。

(4)桥梁护栏的计算

作用于桥梁护栏上的碰撞荷载，其大小和作用点分布可按表 5-2 和图 5-1 确定。

桥梁护栏碰撞荷载　　表 5-2

防撞等级	碰撞力(kN)	
	Z=0m	Z=0.3～0.6m
B	95	75～60
A、A_m	210	170～140
SB、SB_m	365	295～250
SA、SA_m	430	360～310
SS	520	435～375

注：Z 是桥梁护栏的容许变形量。

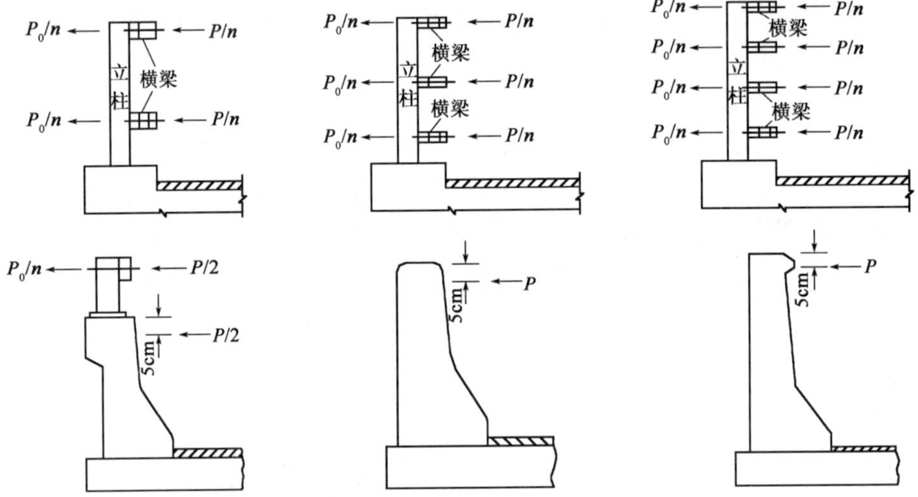

图 5-1　桥梁护栏受力分布图

梁柱式桥梁护栏横梁的设计弯矩和立柱的设计荷载应按式(5-1)和式(5-2)计算。

$$M_0 = \frac{\frac{1}{6}PL}{n} \tag{5-1}$$

式中：M_0——每根横梁跨中处的弯矩(kN·m)；

P——桥梁护栏承受的碰撞力(kN)，作用在横梁的跨中；

L——横梁的跨径(m)；

n——横梁的数量(根)，不宜超过 4 根。

$$P_0 = \frac{1}{4}P \tag{5-2}$$

式中：P_0——立柱的设计荷载(kN)；

P——桥梁护栏承受的碰撞力(kN)。

钢筋混凝土墙式桥梁护栏的碰撞荷载分布按表 5-3 取值。

钢筋混凝土墙式护栏所受碰撞荷载的分布　　表 5-3

防撞等级	碰撞荷载标准值(kN/m)	荷载分布长度(m)	力的作用点
A、A_m	53	4	距护栏顶面 5cm
SB、SB_m	91	4	
SA、SA_m	86	5	
SS	104	5	

金属桥梁护栏应进行构件强度和变形验算，钢筋混凝土墙式桥梁护栏和组合式桥梁护栏应进行配筋验算。桥梁护栏与桥面板间的连接应进行强度验算。

对桥面板进行强度验算时，应将护栏立柱或墙体最下端断面所受的弯矩作为验算弯矩作用在桥面板上。

桥梁护栏除了要满足计算要求外，还应该满足《规范》和《细则》规定的构造要求。

(5)桥梁护栏与路基段护栏的过渡

前文提到，桥梁护栏是整个路侧护栏系统的一部分，要作为一个整体考虑，因此，在桥梁护栏与路基护栏衔接的部位应作特殊的连接处理。良好的过渡段处理应能实现良好的刚性和线形渐变过渡，保持过渡段良好的传力性能和导向性能。

从国内现状看，桥梁护栏多采用刚性的混凝土护栏，路基护栏多采用半刚性的波形梁钢护栏。在某些道路上，桥梁护栏和路基护栏在桥头是断开的，这样的设计存在着严重的安全隐患。当车辆在桥头失控撞向护栏时，由于路基护栏的变形，事故车辆会正面撞向桥梁混凝土护栏端头，甚至冲出路外。

正确的做法是采用直接搭接的过渡方式，或者在桥头设置翼墙进行过渡，过渡段的路基护栏通过减少立柱间距、增加横梁板的方法增大护栏刚度，线形应调整为与桥梁护栏顺接。直接搭接的过渡方式可参考图 5-2，翼墙过渡方式可参考图 5-3。

5.1.2 窄桥处理

窄桥问题多存在于旧路改造工程中。窄桥是指桥梁段路面宽度比路基段路面宽度窄。窄桥的存在会导致两个方面的问题：一方面，桥梁段的车辆通行能力比路基段低，桥头处存在着明显的速度差，速度差过大容易导致交通事故发生。另一方面，桥梁外侧的护栏或栏杆过于接近甚至正对着路基段的最外侧车道，行驶在外侧车道上的车辆若不及时转向，容易撞上桥梁护栏或栏杆，发生交通事故。

因此，高速路上的窄桥，应该通过加宽桥面或者修建并行的新桥使桥梁有足够的路面宽度(包括行车道和路肩)，以保障行车的安全和足够的通行能力。

对于因资金或其他原因无法进行土建工程改造的窄桥，应设置齐全的安全设施，包括标志、标线和护栏等。

在窄桥前应设置窄桥标志，如图 5-4 所示。标志距窄桥的距离要满足表 5-4 的要求。

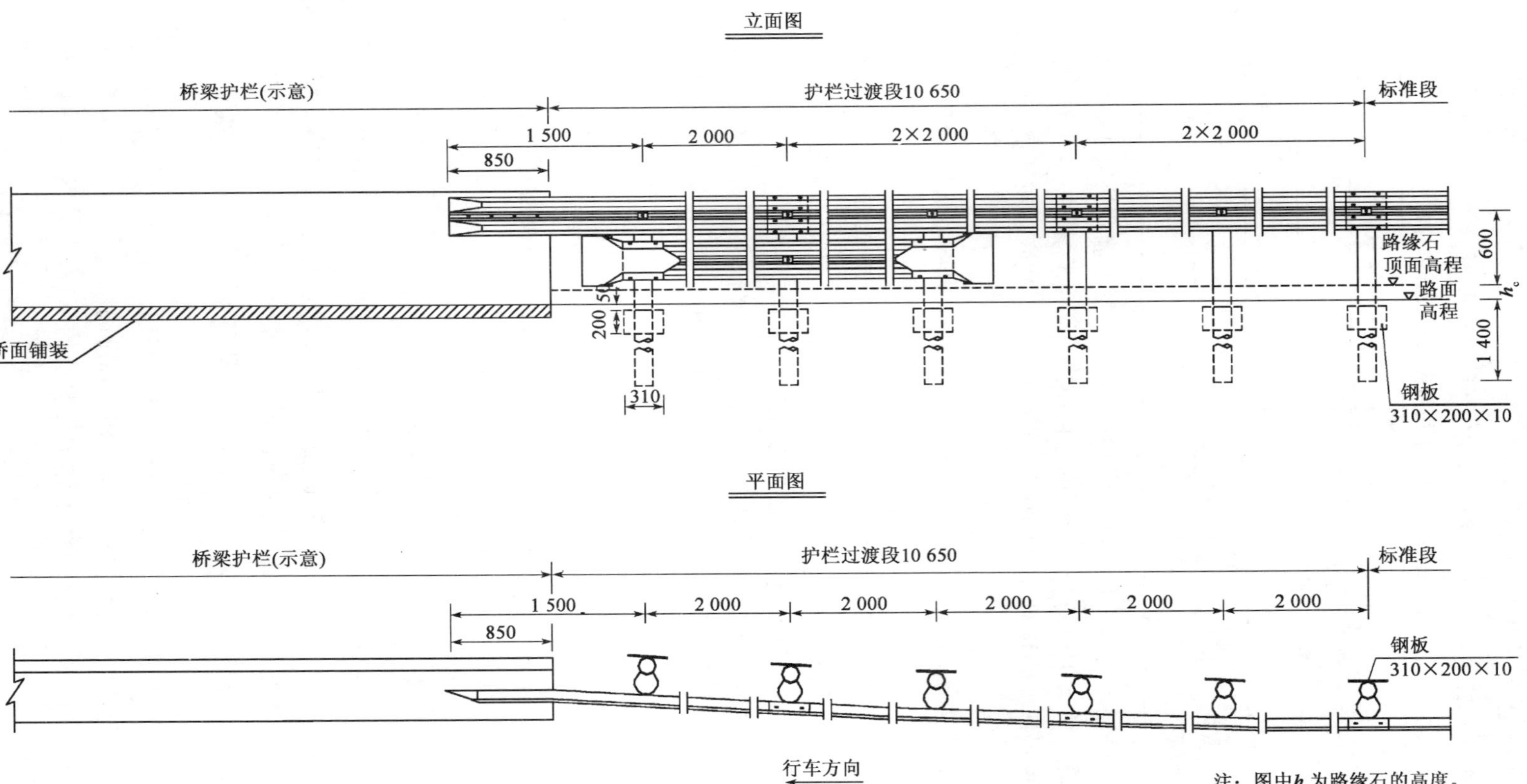

注：图中h_c为路缘石的高度。

图5-2 桥梁钢筋混凝土护栏与路基波形梁护栏搭接过渡段(尺寸单位：mm)

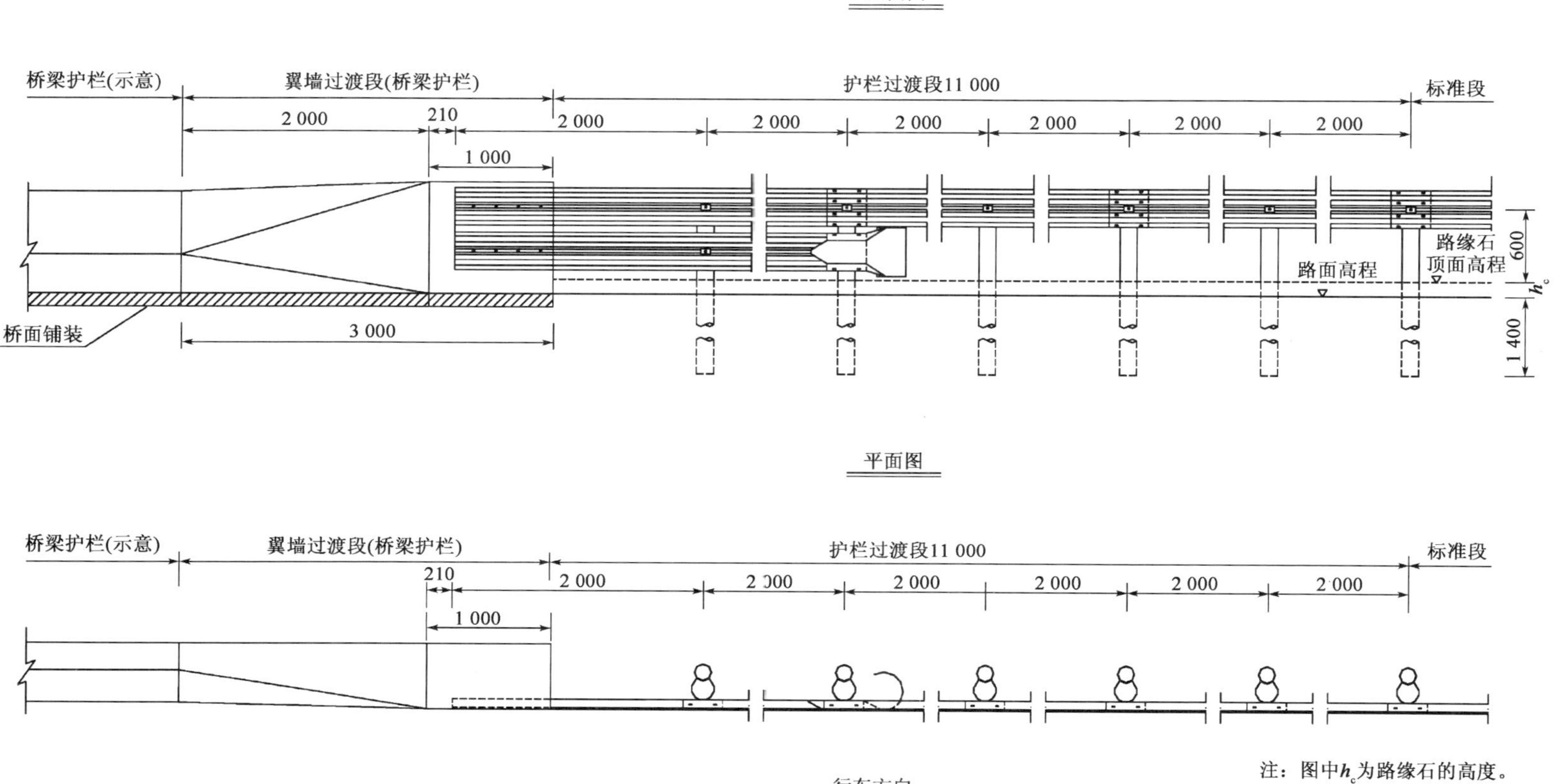

注：图中h_c为路缘石的高度。

图5-3　桥梁钢筋混凝土护栏与路基波形梁护栏翼墙过渡段(尺寸单位：mm)

警告标志到危险地点的距离　　表 5-4

设计速度(km/h)	100～120	71～99	40～70	<40
标志到危险地点距离(m)	200～250	100～200	50～100	20～50

图 5-4　窄桥标志

标线可设置减速标线和路面导向箭头，提醒车辆减速和变换车道。

桥头应设置足够强度的护栏，并与桥梁护栏顺接，要求按上节提到的过渡方式进行处理，实现护栏刚度的渐变和路侧护栏的整体性。

根据需要还可设置消能桶和线形诱导标。

5.1.3　桥墩、桥台设计

桥墩和桥台都是固定且刚度很大的物体，如果车辆撞到其上，后果将会很严重。对于上跨道路的天桥，桥墩和桥台应该尽量远离道路。可以设计为在中央分隔带设置桥墩而在路肩不设桥墩的两跨天桥，如果中央分隔带比较窄，推荐采用单跨的桥梁结构。

大跨度的桥梁能够减小对桥墩的依赖，或者使桥墩远离道路以降低事故发生的可能性。从安全的角度出发，应将中央分隔带和路侧桥墩设置在安全净区之外。这一点对于桥下行驶有重型货车的平曲线路段来说尤为重要。车辆撞上曲线外侧护栏引起的离心力会使货车倾斜或翻越护栏。这样，不仅事故本身很严重，还有可能导致火灾或者桥墩损坏。因此，在平曲线外侧的桥墩应该靠后放置，或者给予足够的防护。对于固定跨度的桥梁，改变公路和桥梁的相对位置，即通过减小桥墩与曲线内侧的距离，使得桥墩与曲线外侧的距离增加。

如果无法使中央分隔带或路侧的桥墩位于道路安全净区之外，就必须采用适当型式的护栏进行防护。采用何种类型的护栏主要由护栏的变形性能决定。

当桥墩与路肩的距离大于 1.7m 时，可以采用半刚性护栏，如标准的双波护栏。

如果距离等于或小于 1.7m，或者因为道路拓宽导致距离不足，应对标准的半刚性护栏进行加强，以减小变形挠度。增加刚度的措施有：使用三波形梁板，加密、加厚或加长立柱，使用两块双波梁板，或者综合以上方法。当然，地基应有足够的强度，以确保刚度加强的效果。需要注意的是，如果护栏后面紧挨着排水沟，土的支撑强度减小，加强措施所起的作用可能会被抵消。

当桥墩与路肩的距离小于 1.1m 时，常采用刚性护栏，一般为混凝土护栏。防护这个位置的桥墩，要充分考虑现场的交通状况、车速的快慢、交通量的大小和车辆的构成比例，在如下方案中进行比选：重建桥梁；建造更高的护栏(通常达到1.3m)以防止货车撞击桥墩；将护栏往道路内移动，牺牲路肩的宽度来换取护栏与桥墩间足够的距离。

桥台也可能是危险的。如果防护桥墩的护栏不够长，失控的车辆就有可能绕过护栏冲上桥台的斜坡，转向后从后方撞上护栏或桥墩。驶出路外的车辆还可能因驶入未做防护的排水沟而发生危险，或者冲上桥台斜坡后翻车。因此，护栏的布设长度还要考虑到对桥墩后桥台的防护。

5.2 隧 道

5.2.1 隧道洞口接线段

隧道内是一个特殊的驾驶环境，这里空间有限，驾驶员视距受限，空气污染严重，环境照度低，噪声大，完全不同于隧道外。隧道洞口恰恰是这两种差别巨大的驾驶环境的突变处，如果处理不好，往往是事故多发的路段。隧道洞口接线段要求具有良好的速度协调性和线形一致性。

(1)速度协调性

速度协调性是对隧道洞口外的运行速度与隧道内的运行速度的差值(即速度差)进行评价。运行速度是指当交通处于自由流状态下，且天气状况良好时，在路段特征点上测定的第 85 个百分位上的车速。隧道路段的运行速度，由于目前尚没有成熟的预测模型，一般取设计速度，隧道洞口接线段的运行速度则是假设隧道不存在而线形条件不变的情况下，采用运行速度预测方法预测出的运行速度。

隧道设计速度与洞口接线段的运行速度差小于 10km/h 时，运行速度协调性好，不需要进行调整。

隧道设计速度与洞口接线段的运行速度差为 10～20km/h 时，速度协调性较好。条件允许时，可适当调整洞口接线段平面、纵断面、横断面等技术指标，使速度差小于 10km/h。

隧道设计速度与洞口接线段的运行速度差大于 20km/h 时，速度协调性不佳，需要调整洞口接线段设计。

(2)线形一致性

线形一致性按照无隧道状态下的预测运行速度，对隧道各洞口接线内外的平、纵面线形进行评价，要求洞口接线内外各至少 3s 运行速度行程长度范围的线形应保持一致。洞口接线横断面过渡应设置在洞口接线外，其过渡段长度应不小于 3s 运行速度行程。

以重庆彭武高速公路的铁磺坝隧道为例，若按照无隧道状态下预测运行速度，右洞起点处的运行速度为 109km/h，3s 行程的长度为 91m，右洞起点的平面线形为圆曲线，纵断面线形为凸曲线，洞外线形一致的长度为 586m 大于 91m，洞内线形一致的长度为 74m 小于 91m。洞内的线形一致的长度偏短，仅为88.8km/h速度的 3s 行程，不满足线形一致性要求，应调整隧道线形，或者提前采取限速措施。

5.2.2 路面及排水设施

我国目前已建成的绝大部分二、三、四级公路隧道及大部分一级公路、高速公路隧道多采用水泥混凝土路面。近年来，少数高速公路隧道采用了铺设沥青上面层的复合路面。与沥青混凝土路面相比，水泥混凝土路面的抗滑能力衰减速度快。

根据我国各地的工程实践，由于普通公路隧道车辆运行速度较低，从总体上看，采用水泥混凝土路面效果良好，不仅施工方便、造价低、耐久性好，而且浅色路面有利于照明。

但对于高速公路隧道，一些地区的调查研究表明，高速公路隧道事故率远大于洞外路段。事故多发生在入口 200～400m 路段，且雨天时事故高发。分析其原因，主要是洞内水泥混凝土路面摩擦系数过低，在隧道入口处两种路面工况（洞外为沥青路面，洞内为水泥路面）附着系数存在巨大差异。车辆在从高速公路进入隧道的时候，由于路面附着系数瞬间发生变化，对行车适应性带来巨大影响，从而造成车辆侧滑发生事故。因此，对隧道入口段，在满足照明要求的前提下，建议在隧道洞口接线 3s 行程范围提高路面抗滑标准或采用与隧道洞口接线以外 3s 行车范围相同的路面类型。

隧道内较多的事故形态为车轮陷在排水沟中，导致事故影响程度加大。主要原因是隧道内横断面上没有土路肩位置，在排水沟和行车道之间未设置护栏，在昏暗的光线下，驾驶员很难将行车道和边沟区分开。由于隧道内路面汇水量较小，因此建议排水沟尽量采用暗沟，通过集水井汇集行车道路面积水。排水沟盖板设计应考虑行车荷载，以防止车辆压断造成车轮沉陷而导致事故。

5.2.3 安全设施

隧道段的交通安全设施主要包括标志、标线及视线诱导设施、护栏等。

(1)标志

隧道区段的主要标志有以下几种。

①隧道标志。隧道标志宜设置在隧道入口标志群的最前方，用于指示隧道名称和长度。隧道路段与其他路段在行驶条件上不同，主要是照明、通风、视野及横断面等的变化，均可能对行驶安全产生影响。提前被提醒前方有隧道，驾驶员就会从心理和驾驶行为上做好准备。对于长大隧道及其他处于视距不良路段的隧道，还可设置隧道预告标志(图 5-5)。

a)

b)

图 5-5　隧道预告标志和隧道标志

a)隧道预告标志；b)隧道标志

②禁令标志。隧道区段通常是禁止超车的，所以需设置禁止超车及解除禁止超车标志，有时还会用到限高标志。当隧道内的设计车速低于相邻路段的设计车速或运行速度时，应在进入隧道前设置限速标志。

③紧急电话指示标志。紧急电话指示标志设置在紧急电话箱上[图 5-6a)]。为了便于指示距出事地点最近紧急电话的方向和距离，在沿隧道右侧各紧急电话之间应设电话位置指示标志。

④紧急停车带标志。隧道内设置紧急停车带时，应在紧急停车带前端适当位置设置紧急

停车带标志，用于指示其位置[图 5-6b)]。

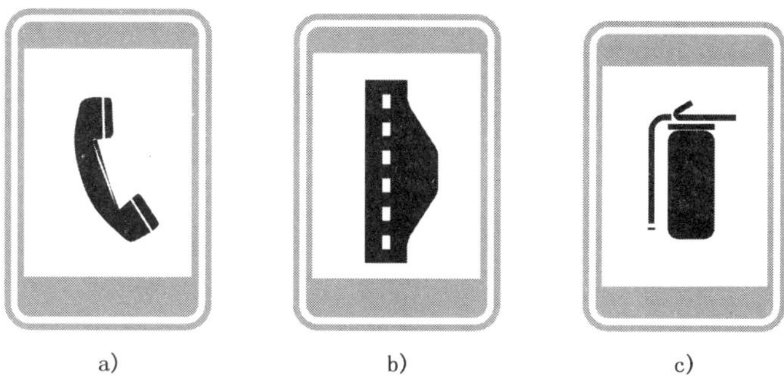

a)　　b)　　c)

图 5-6　部分标志版面

⑤紧急出口、避难通道标志及疏散指示标志。紧急出口、避难通道标志用于指示紧急出口、避难通道的位置。疏散指示标志用于指示该点与紧急出口、避难通道的距离及方向，在隧道内发生紧急情况时，指示行人、车辆迅速离开(图 5-7)。疏散指示标志应设置于隧道侧壁上，间距应不大于 50m。

a)　　b)

图 5-7　疏散指示标志

⑥消防设备指示标志。消防设备指示标志用于指示隧道内消防设备的位置[图 5-6c)]。

(2)标线及视线诱导设施

路面标线及视线诱导标是引导驾驶员视线，诱导驾驶员驾驶的重要手段。它可以确保车辆分道行驶，加强车辆行驶的纪律和秩序，提高道路使用效率，减少交通事故。

由于隧道内禁止超车，因此隧道内的车道分界线一般都为实线，并设置突起路标。因为隧道有可能因事故原因而双向通车，隧道内的突起路标均为双面反光。需要限速的隧道，应在隧道入口前设置减速标线(图 5-8)。

图 5-8　隧道前的减速标线

隧道内的视线诱导设施主要是轮廓标。轮廓标用于指示隧道的边界和轮廓，由于隧道内能见度较低，且污染物较多，车道边缘线和突起路标易受污损而降低反光效果，轮廓标的作用便显得更加突出。轮廓标通常设置于隧道壁和检修道上，也可以在检修道的侧面和顶面贴反光膜或刷反光漆来强化轮廓指引效果。

(3)护栏

为节省道路建设投资，隧道横断面一般比路基横断面窄，硬路肩通常会被简化掉。因此，应对隧道两端的护栏进行端部过渡设计，避免车辆撞击隧道壁、检修道或冲出路外，同时避免护栏端头对车辆和人员造成伤害(图 5-9)。

5.2.4 通风、照明、消防及救援设施

(1)通风设施

汽车所排出的废气，含有多种有害成分，如一氧化碳、烟、氮氧化物、铅、磷化物等，是气态和浮游固态微粒的混合物。此外，汽车还能携带尘土和卷起尘埃。这些物质造成了隧道内的空气污染。而隧道是个闭塞的空间，污染物不能很快扩散，所以隧道内污染空气的浓度会逐渐积累。当浓度很小时，通常影响不大。但是，剧毒的一氧化碳浓度增加后，会使人体产生不同程度的中毒症状，甚至危及生命。空气中的烟雾可以影响能见度，含烟(尘)量达到一定程度后，即可使能见度下降到妨碍行车安全的程度。总之，隧道内的空气污染，既会造成人体的危害，又会影响行车安全。因此，需采取措施，把隧道内的空气质量和能见度控制在可以接受的范围内。

隧道通风主要是对一氧化碳、烟雾和异味进行稀释。《公路隧道设计规范》(JTG D70—2004)及《公路隧道通风照明设计规范》(JTJ 026.1—1999)规定了不同通风方式、不同交通状态下的一氧化碳设计浓度、烟雾设计浓度和异味稀释的换气频率。

按车道空间的空气流动方式，隧道通风方式大体上可以区分为图 5-10 所示的种类。

图 5-9 设置端部过渡护栏的隧道口

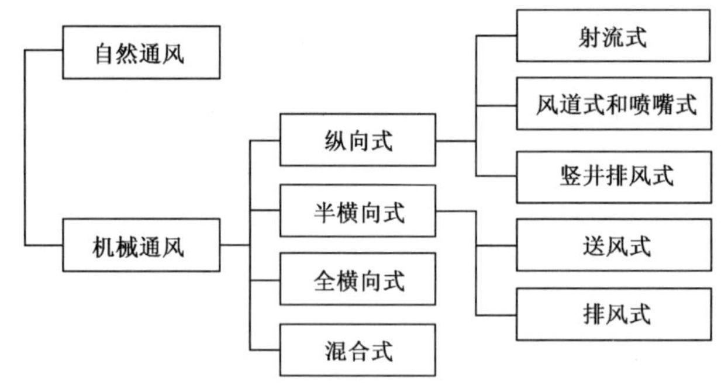

图 5-10 隧道通风方式分类图

选择时要考虑隧道长度和交通条件，同时还要考虑气象、环境、地形以及地质等条件。在充分考虑各种因素后，选择既有效又经济的通风方式。

(2)照明设施

隧道洞内洞外亮度差异悬殊，人眼虽然能够通过调整瞳孔的大小来适应光线的明暗，但是对明暗的突然变化不能立即适应，会出现一定时间的视距障碍。一般由隧道外面进入隧道，大约会产生 10s 的视觉障碍，这就成为了肇事原因。而在隧道出口产生的视觉障碍只有大约 1s，故问题不大。因此，隧道入口处应设有过渡段照明，以减少视觉障碍，或在路旁设立“隧道内注意开灯”的标志，唤起驾驶员注意。在夜间，当汽车穿过较长的有照明的隧道之后，接近出口时会产生“黑洞”效应，以致无法辨认洞口附近的情况，连障碍物也难以发现，所以在洞口外部一定范围内也应进行适当的照明。

人工照明可以提高背景的亮度，增加障碍物与背景的反差。这与利用汽车前照灯照明相比，安全程度明显提高。在黑暗中前大灯射出的光束强烈耀眼，使对向行驶的驾驶员看不到前

方路况，而关掉前大灯必然影响车速。只有在单向交通的隧道里，当车速不十分高、交通量也比较少时，靠前大灯照明才不致有严重危险。即使在这种情况下，前车背后的反光也会使驾驶员感到耀眼。

并不是所有长度的隧道都需要设置照明。当隧道的长度小于临界长度时，通常无需设置照明。临界长度是指在这个长度的隧道入口处能看到100～160m距离的障碍物，因为被自然光照亮了的出口占据了视场中的绝大部分。国外的相关研究给出的临界长度一般定为40m。我国《公路隧道设计规范》(JTG D70—2004)规定长度大于100m的隧道应设置照明。

隧道照明系统包括：中间段照明、入口段照明、过渡段照明、出口段照明、接近段减光设施、应急照明和洞外引导照明。

隧道照明应满足3个参数的要求：平均路面亮度、纵向均匀度和眩光控制等级。

隧道照明必须不分昼夜地连续进行，仅在点灯率上有变化。为了使照明可靠，确保连续性，必须保证有2个以上的独立电源供电，并要求能有效地自动转换。为了避免瞬间停电或转换电源时发生短暂的黑暗，应当设置瞬时启动的辅助电源电池组作为瞬间照明配套设备。事故照明与正常照明应分别接在不同的供电线路上。

(3)消防设施

公路隧道火灾危险性大。由于空间小、道路窄，发生火灾后车辆和人员难以疏散，火势容易蔓延，甚至发生连环爆炸。狭窄的空间也给救援人员的进入带来了困难。此外，火灾大量消耗隧道内的氧气，并带来浓烟和有害气体，对人的生命构成严重威胁。因此，隧道设计应该具有相应的防火措施。

①较长的隧道应划分防火分区。《公路隧道通风照明设计规范》(JTJ 026.1—1999)建议防火分区长度取1 000m，是基于与避难横通道所处位置基本对应而提出来的。各个防火分区应有相应的排烟要求及人车逃离方案。长隧道的通风井与隧道之间的所有相通的门均应做成甲级防火门，耐火极限为1.2h。

②隧道所用的材料耐火极限应为1.5～2h。隧道内的灯具、电话箱和灭火器箱体等亦应用不燃材料制成。电缆应用阻燃电缆或耐火电缆，各类电气线路均应穿管保护。

③设置机械通风的隧道，应视隧道内火灾点的位置确定送排风风向，应尽量缩短火灾烟雾在车道内的行程。

④通风设备在设计选型时，必须考虑到发生火灾时排烟的要求，具备高温情况下能维持一定工作时间的功能，并可远距离遥控启动。排烟风机应按重要负荷供电，设2个备用的电源，末端应能自动切换。

⑤设置疏散避难设施，如避难通道、隧道两端的诱导路、定点急救避难场所等。对于双孔隧道，可把联络通道作为避难设施。同时，还应设置带蓄电池的事故照明灯、紧急广播、灯箱式疏散诱导标志。

隧道消防设计贯彻“以防为主、防消结合”的方针。要立足于防灾进行设计，同时隧道内一旦出现火灾，必须做到早发现、早扑灭，避免小火酿成大灾。对于隧道内发生的初期火灾，采取“自救为主，外援为辅”的原则，确保隧道内人员能够方便地使用隧道内的消防报警和灭火设备。一旦发生较大火灾，应为其提供基本的逃生手段。

消防设施主要用于隧道内发生火灾时，提供给行车人员、隧道管理人员及消防人员进行灭火。

(4)救援系统

隧道作为特殊的交通环境存在着比其他路段更多的安全隐患,一起比较小的隧道意外事件很可能在短时间内引发或演变为一场非常严重的灾害性事故。由于隧道的封闭性,紧急事件发生后现场人员逃生困难,必须依靠及时有效的外部救援。

隧道应急救援技术支持系统包括隧道监控系统、通风系统、照明系统、安全设施和通信系统等。它是对通风、照明、交通、消防等多个系统的联动协调控制,根据隧道现场情况一起作出反应动作,以保证最佳效果。

根据《高速公路隧道监控系统模式》(GB/T 18567—2010)可将隧道监控系统根据隧道长度、交通量及隐含事故率划分为A、B、C、D四个等级,不同的监控系统等级对应不同的系统设备配置。布设在隧道内的车辆检测器、一氧化碳检测器、能见度检测器、风向风速检测器、自动火灾检测器、手动火灾报警按钮可以检测隧道内实时的交通流量、火灾信息、环境信息,系统通过对这些数据的分析,判断隧道内交通、环境等的状态是否正常。通常系统具有自动控制和人工干预控制两种方式。正常情况下,系统处于自动控制状态执行正常控制程序。在紧急情况下,系统一方面向监控值班操作人员发出声、光、电报警信号,一方面迅速中断正常程序,进入应急救援处理程序,提供预先编制存储在系统内的控制方案,待系统操作员综合闭路电视图像、紧急电话等信息对现场情况确认后执行控制指令,启动控制方案。这些方案包括可变信息标志的显示内容、风机的启动、照明灯的点亮、横洞卷帘门的打开等。

隧道应急救援系统的首要任务就是要能自动、及时地检测到异常事件的信息,并快速地反应、判断和处理。异常事件大致可分为常发性事件和偶发性事件。常发性事件具有一定的规律性,可以通过事先计划来避免事件造成的交通延误或损失。而偶发性事故却无法事先预测,对其制订应急预案是必需的,以确保一旦发生严重事件应急救援机构和人员能够及时响应。

应急预案是应急救援系统的重要组成部分,针对各种不同的紧急情况制订有效的应急预案,不仅可以指导应急人员的日常培训和演习,保证各种应急资源处于良好的备战状态,而且可以指导救援行动按计划有序进行,防止因行动组织不力或现场救援工作混乱而延误事故救援,从而降低人员伤亡和财产损失。应急预案对于如何在事故现场组织开展应急救援工作具有重要的指导意义,有助于实现应急行动的快速、有序、高效。因此,如何制订有效完善的应急预案具有重要的现实意义。

6 路线交叉设计

6.1 平面交叉口设计

6.1.1 概述

(1)一般原则

在平面交叉口处,各种车辆发生冲突的概率会增加。在交叉口驾驶员需要面对道路选择、速度选择、路线选择和导航选择,这些预期的操作必须在相对短的时间和相对小的空间内完成。模糊和复杂的交叉口设计不仅会给驾驶员,还会给行人和非机动车造成行驶和安全上的问题。因此,尽管通达性、通行能力和延误等运营特性十分重要,但安全性仍是平面交叉口设计首要考虑的因素,并应遵循以下原则。

①可识别性:应使用有限的,且主要特征具有一致性的交叉口形式,以便于公路使用者可更迅速地识别路况,同时使前方路况变得可预期。

②可视性:交叉口应具有可视性、显著性以及清晰识别和可定位性。为便于从远处看到,交叉口须具有一定尺寸以便公路使用者注意和感知。对比、颜色、形状和移动性是非常重要的因素。同时,交通标志须合理地安装在视力范围以内清晰可见的位置。

③远处可预见性:当驶近交叉口时,公路使用者须能及时预见交叉口,同时能够看到入口处的公路和车辆。

④可理解性:交叉口须能被公路使用者所理解,即形状、范围、标志、标线以及行车规则能快速、正确地被理解。

⑤可融合性:交叉口的融合性是指各种设计元素能足够科学、和谐地融合在一起。

⑥均衡性:具有均衡性的交叉口结构是指各种设计元素(包括相邻公路)以及交通措施能形成有机整体。

⑦完整性:当交叉口上的车辆能以任意预期方位行驶时,该交叉口即满足完整性要求。

(2)交通特性分析

进出交叉口的车辆,由于行驶方向不同,车辆与车辆之间的交错方式也有所区别,可能产生的交错点的性质也不相同。

同一行驶方向的车辆向不同方向分开行驶的地点称为分流点(或分叉点);来自不同行驶方向的车辆以较小角度向同一方向会合行驶的地点称为合流点(或会流点);来自不同行驶方向的车辆以较大角度相互交叉的地点称为冲突点(或交叉点)。此三类交错点都存在追尾、挤撞或碰撞的可能性,是影响交叉口行车速度、通行能力和发生交通事故的主要原因。其中,以直行与直行、左转与左转以及直行与左转车辆产生的冲突点对交通干扰和行车安全产生的影响最大，其次是合流点，再次是分流点。因此，在交叉口设计时应尽量采取措施减少冲突点和合流点，尤其要减少或消灭冲突点。

在无交通信号控制的情况下，三条、四条、五条公路（均为双车道）相交时交错点的分布如图 6-1 所示，交错点数量如表 6-1 所示。

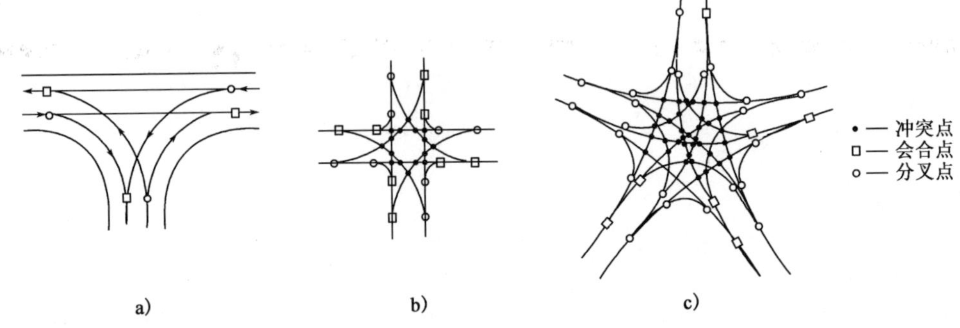

图 6-1　平面交叉口交错点的分布

交叉口的交错点　　表 6-1

交错点类型	无信号控制相交公路条数		
	3 条	4 条	5 条
分流点	3	8	15
合流点	3	8	15
左转车流冲突点	3	12	45
直行车流冲突点	0	4	5
交错点总数	9	32	80

6.1.2　平面交叉口的类型及适用条件

平面交叉按其构造组成可分为非渠化不加宽式交叉、非渠化加宽式交叉和渠化交叉（包括环形交叉）。

（1）非渠化不加宽式交叉口（图 6-2）

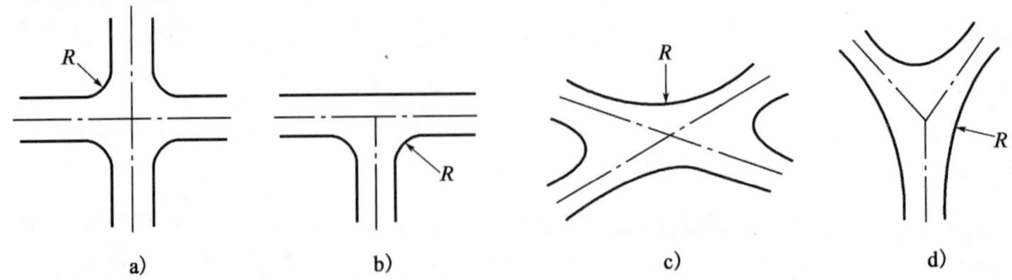

图 6-2　非渠化不加宽式交叉口

a）十字形；b）T 形；c）X 形；d）Y 形

该类交叉口形式简单，占地少，造价低，设计方便，但行车速度低，通行能力小，适用于交通量小、车速低、转弯车辆少的三、四级公路或地方公路。设计时主要解决合适的转角曲线半径和足够的视距问题。

(2)非渠化加宽式交叉口(图 6-3)

为使转弯车辆不影响其他车辆的正常行驶，在交叉口连接部增设变速车道和转弯车道的平面交叉。

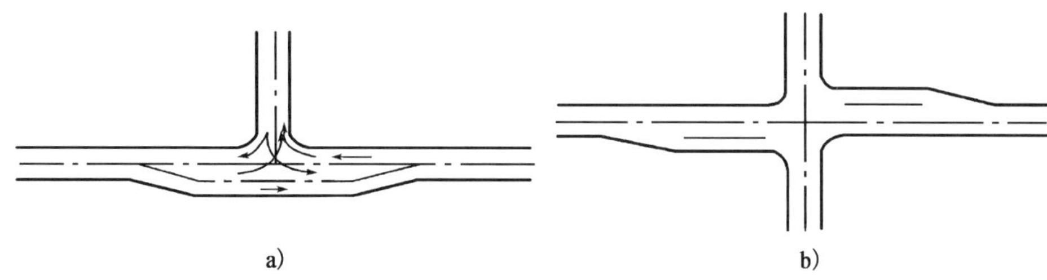

图 6-3 非渠化加宽式交叉口

(3)渠化交叉口(图 6-4、图 6-5)

相交公路等级较高或交通量较大的平面交叉，应采用由分隔岛、导流岛来指定各向车流行驶路径的渠化交叉。

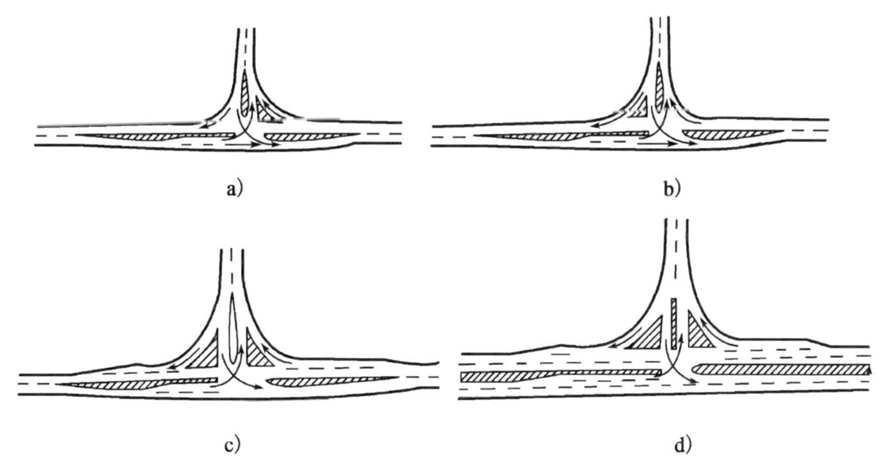

图 6-4 T 形交叉口渠化示意图

除分隔冲突的交通流外，渠化还可以用来：

①缩减一般冲突区，即使对向车流以直角(或近似直角)交叉；

②以较小角度会合交通流；

③通过线形设计控制进入交叉口车辆的速度；

④禁止某些转弯动作；

⑤改善并限定主要交通流的路线。

渠化设计不宜采用标准化，应考虑交通量及交通组成、土地情况、行人及非机动车交通、现有公路的布局等因素。同时，也应注意布设最少量的交通岛，避免因过度渠化而在路面上形成不合理的障碍，导致路面养护和排水困难，甚至造成交通混乱。

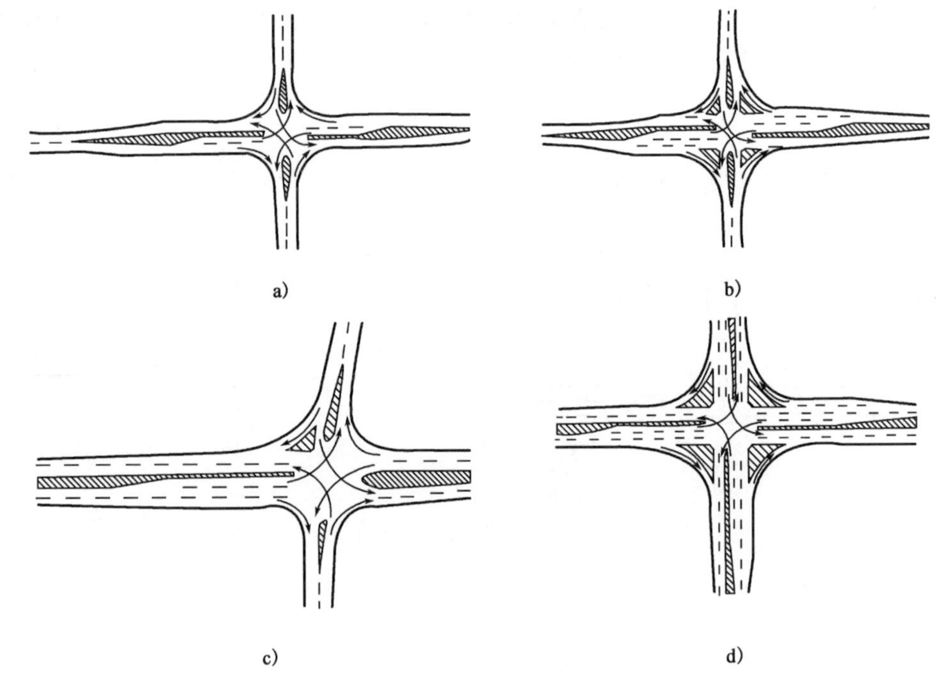

图 6-5　十字形交叉口渠化示意图

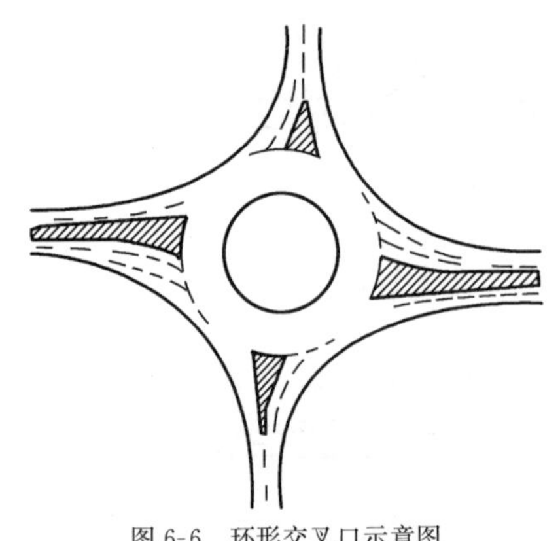

图 6-6　环形交叉口示意图

(4)环形交叉口(图 6-6)

环形交叉作为一类特殊的渠化交叉,适用于交通量适中,经过验算后出、入口间的距离能满足交织长度的要求,或按"入口让路"规则(非交织原理)设计能满足交通量需要的 3～5 岔的交叉。推荐采用图 6-6 所示的"入口让行"的形式。

设计时,应对交叉口的通行能力进行分析。对于无信号平面交叉口,通常采用可接受间隙理论进行分析。由于这部分内容比较繁琐复杂,使用时可参考交通运输部公路科学研究院编制的《公路通行能力研究报告》。

6.1.3　几何设计

交叉口的最好应设在纵坡均匀的直线段上,使车辆保持在通过交叉口的正确路径上,就能获得最大的视距。除了在要求减速的环形交叉口外,整个交叉口都应保持直行路线的平面线形标准,避免交叉口内出现急弯或突变。一条公路在与其平曲线外侧的另一条公路交叉时,视距会受到限制。在此情况下,直行公路上的超高会遮挡路面,致使交叉公路上的驾驶员难以发现,因此需特别注意交叉口的纵坡问题,保证具有合理视距。

(1)平纵线形设计

①平面线形。平面交叉范围内两相交公路应正交或接近正交,且平面线形宜为直线或大半径曲线,尽量避免采用需设超高的曲线半径。

新建公路与等级较低的既有公路斜交时，应对次要公路在交叉前后一定范围内作局部改线，使交叉的交角不小于70°。

T形交叉中次要公路扭正改线如图6-7a)时，引道曲线与交叉中转弯曲线间应留长度不小于25m的直线。当次要公路为二级公路时，引道曲线的半径应不小于80m；次要公路为三级及三级以下的公路时，引道曲线半径应不小于40～50m。

当按公路性质和交通量需作渠化处理时，一般可保持钝角右弯车道的基本线形，并通过合理布置交通岛来保证其他转弯车道所需的线形，如图6-7b)所示。当斜交过甚时，钝角右转弯应改为S形曲线，以避免过大的导流岛。

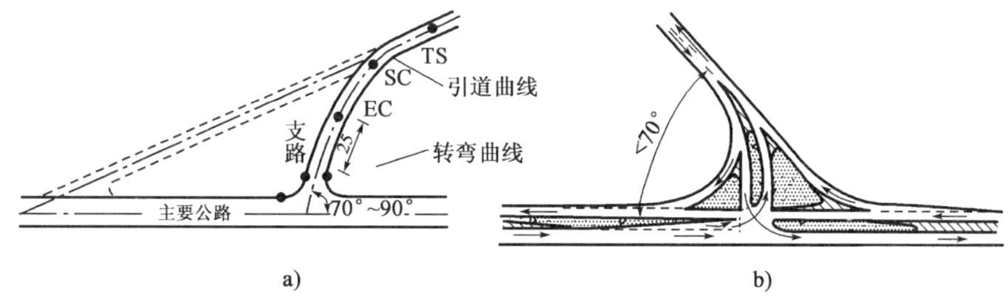

图6-7 T形交叉中斜交的扭正与渠化

斜交十字交叉中次要公路扭正时，若交点不变，次要公路的每一岔中需增设两个曲线。其中，离交叉较远的曲线，其半径应不小于该公路的一般最小半径，并按要求设置缓和曲线；靠近交叉的曲线，其半径应不小于45m，并在远离交叉的一端设置缓和曲线。改移交点时，只在次要公路的一岔上出现S曲线，半径的要求同上。

错位交叉中，交角为90°，次要公路引道的线形要求与斜交T形交叉扭正时相同。

当既有公路提高等级、扩容改建或路面大修时，为扭正交叉的改线应采用较高的线形指标并作较长路段的改移。

②纵面线形。平面交叉范围内，两相交公路的纵面应尽量平缓。纵面线形应满足最小停车视距要求。主要公路在交叉范围内的纵坡应在0.15%～3%的范围内；次要公路上紧接交叉的部分引道应以0.5%～2.0%的上坡通往交叉，且此引道长度(至主要公路的路缘)至少为25m，如图6-8所示。

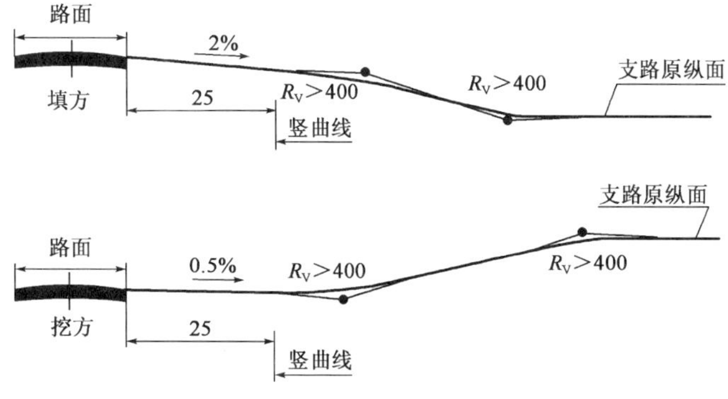

图6-8 次要公路引道纵坡(尺寸单位:m)

主要公路在交叉范围内是超高曲线的情况下，次要公路的纵坡应服从主要公路的横坡。若次要公路在交叉前后相当长的范围内纵坡的趋势与主要公路的横坡相反，则次要公路在引道的一定范围内应设置S形竖曲线。

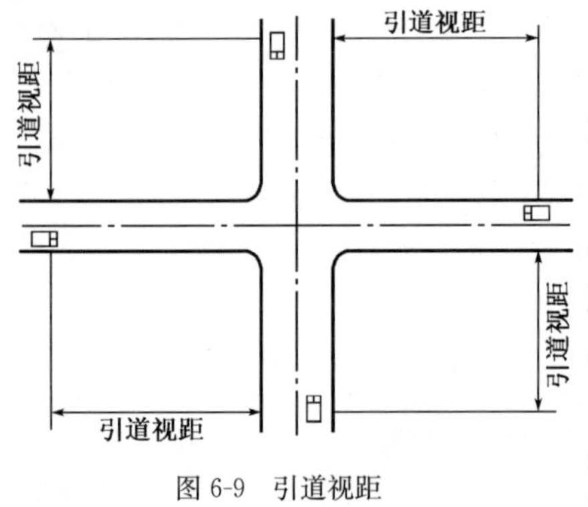

图6-9　引道视距

(2)视距

为保证交叉口的运营安全，在设计时应考虑如下3种视距。

①引道视距。引道视距如图6-9所示。每条岔路和转弯车道上都应提供与行驶速度相适应的引道视距。这是保证驾驶员观察前方交叉口布局，并及时作出反应的最低要求。

引道视距在数值上等于停车视距，但量取标准为视线高1.2m物高0m，因此要求设置半径较大的凸形竖曲线。各种设计速度所对应的引道视距及凸形竖曲线的最小半径规定如表6-2所示。

引道视距及凸形竖曲线半径　　表6-2

设计速度(km/h)	100	80	60	40	30	20
引道视距(m)	160	110	75	40	30	20
凸形竖曲线最小半径(m)	10 700	5 100	2 400	700	400	200

②停车视距三角区。两相邻岔路间，由各自停车视距所组成的三角区内不得存在任何有碍通视的物体，如图6-10所示。

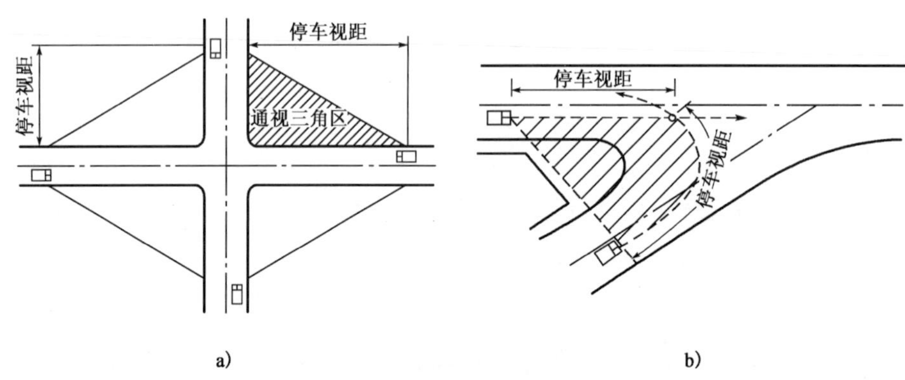

图6-10　停车视距三角区

③安全交叉停车视距。受条件限制(如既有公路的改建中)而不能保证两岔路间由停车视距所组成的通视三角区时，应保证如图6-11所示的由主要公路上的安全交叉停车视距，与次要公路上至主要公路边车道中心线5～7m所组成的三角区内保持通视。安全交叉停车视距是对主要公路上所有交叉口规定的最低标准(表6-3)。

研究表明，在交叉口处视距的增加可以有效降低事故率。成本效益分析也支持提高交叉口的视距。影响交叉口视距的因素有很多，如凸出的树叶、广告牌、建筑物、栅栏、墙和竖向或水平路线的改变等。在交叉口处视距通常存在问题，因此，应通过设计和控制元素来缓和视距问题。

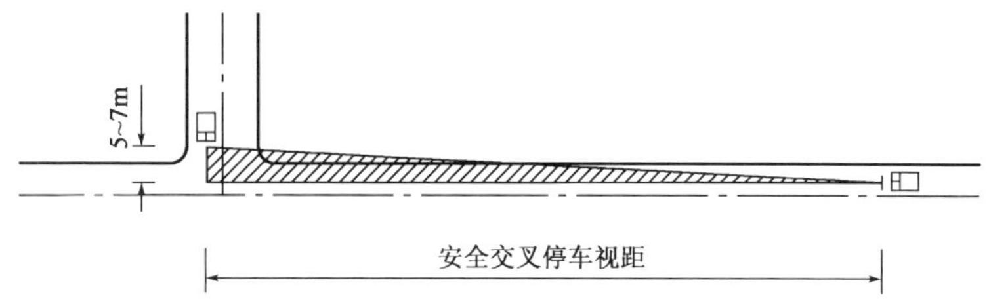

图 6-11 安全交叉停车视距

安全交叉停车视距 表 6-3

设计速度(km/h)	100	80	60	40	30	20
停车视距(m)	160	110	75	40	30	20
安全交叉停车视距(m)	250	175	115	70	55	35

视距设计对于老年驾驶员和公共汽车及大型车辆的驾驶员来说尤为重要。老年驾驶员的反馈能力逐渐下降,增加交叉口视距可以弥补这一点,提供巨大的安全保障。对于大型货车来说,由于其较低的加速度能力,使得增加视距变得非常重要。有重型货车通过的交叉口应该根据货车的加速度而不是小客车的加速度来确定最小交叉口视距。

(3)转弯设计

平面交叉转弯曲线的线形及路幅宽度应以车辆转弯时的行迹作为设计控制。转弯曲线设计中所采用的设计车型及行驶速度规定如下:

①除通往游览区、疗养区等专用公路以外的各级公路,均应以 16m 总长的鞍式列车的行迹进行设计。有特长车辆通行的交叉,经以特长车的行迹检验后须作必要的修正,即调整路缘曲线和增设铺面路肩。

②左转弯曲线采用 5~15km/h 的行驶速度;大型车比例很小的公路(如旅游公路)采用 5km/h 的鞍式列车控制设计,条件受限时,可采用载货汽车低速行驶时的行迹为控制。

③公路等级低、交通量不大的情况下,右转弯不设专门的行车道,其速度可与左转弯的相同或略高一些。在设置分隔的右转弯行车道时,转弯速度不宜大于 40km/h;当主要公路设计速度较低(如小于等于 60km/h)时,右转弯速度不宜低于设计速度的 50%。

(4)附加车道

①右转弯附加车道。为使主要公路上的右转弯车辆减速时不影响或不过分影响直行车辆的速度,可在主要公路上增辟一条减速分流车道。两条一级公路相交和一级公路与交通量大的二级公路相交的交叉中,应设置经渠化分隔的右转弯车道。

②左转弯附加车道。左转弯车道是在直行车道左侧开辟的供左转车辆分流、减速和等候左转的专用车道,由渐变段、减速段和等候段组成。等候段长度不应小于 30m。当左转弯交通量很小时,可不考虑等候长度。

(5)交通岛

从功能上讲,交通岛可分为导流岛和隔离岛。按其构造,交通岛可分为三种,即以缘石围成而高出周围行车道路面的实体岛、路面上用标线画出的隐形岛和无缘石的浅碟式岛。对以下情况,应设置交通岛。

①需分隔右转弯曲线车道与直行车道时,应设置导流岛;

②信号交叉中，左转弯为两条车道时，在左转车道与直行车道间应设置导流岛；

③左转车道与对向直行车道间应设置分隔岛；

④T 形交叉中，次要公路岔口的两左转弯行迹间应设置分隔岛；

⑤对向行车道间需提供行人越路的避险场所，或需树立标志、信号柱时，应设置分隔岛。

交通岛边缘的线形取决于相邻车道的路缘线形。直行车道边缘的岛缘线应根据缘石构造作不同值的偏移。岛端迎流边应偏移且圆滑化。常用的交通岛边缘形状及有关尺寸如图 6-12～图 6-14 所示。

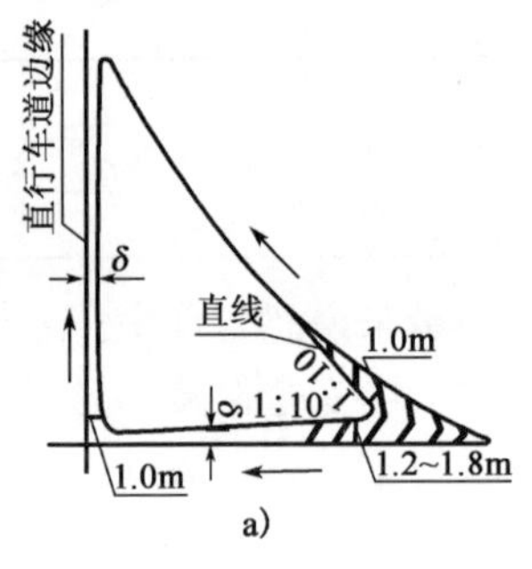

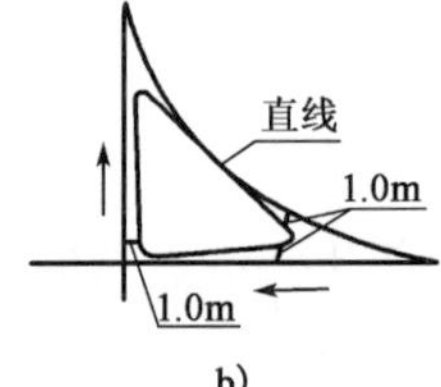

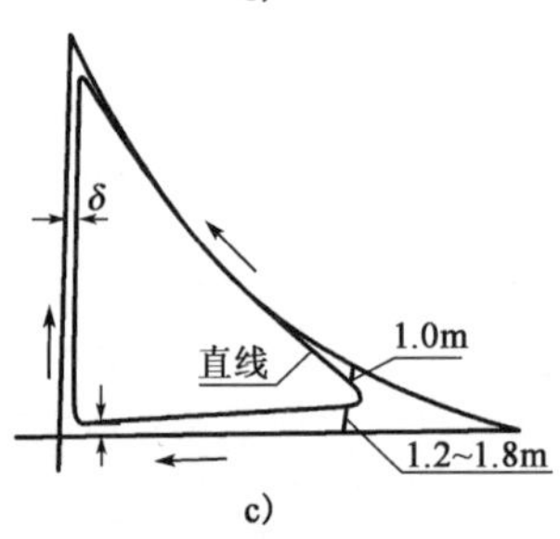

岛端圆弧半径

岛端形状及车流方向				
半径(m)	0.3	0.6	0.6	1.0

缘石后退量

缘石类型	δ(m)
栏式	0.6
半可越式	0.3
可越式	0

图 6-12　转向导流岛

a)一般形式；b)小形岛；c)变通形式

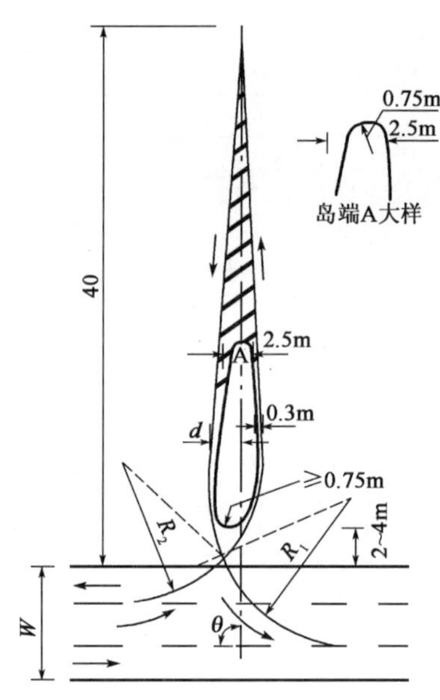

θ(°)	70	80	90	100	110
d(m)	1.5	2.0	2.5	2.0	1.5

W(m)	≤10	11	≥14
R_1(m)*	12	12	20

注：1.R_2一般等于R_1，但有时需变动，以保证岛端至主要公路行车道边缘的距离为2~4m和岛的宽度为2~5m。

2.*以鞍式列车控制设计时，R_1和R_2不小于15m。

图 6-13　T 形交叉中次要公路上的分隔岛(尺寸单位：m)

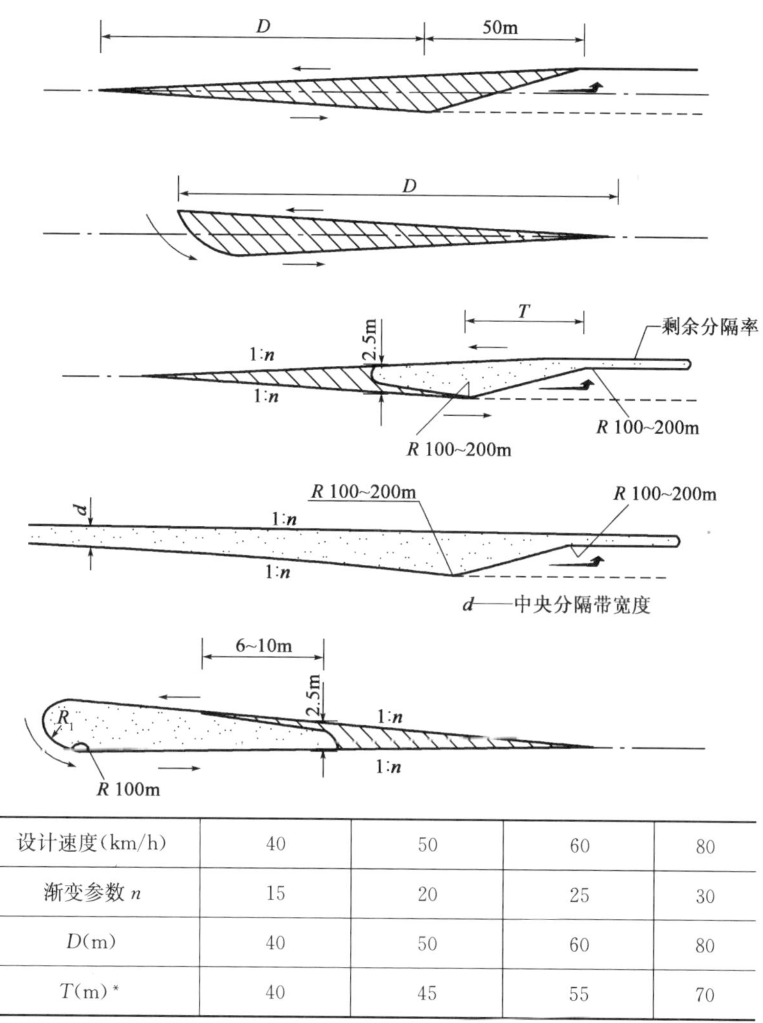

设计速度(km/h)	40	50	60	80
渐变参数 n	15	20	25	30
D(m)	40	50	60	80
T(m)*	40	45	55	70

* 当左转车道为右弯线形时适当缩短。

图 6-14 直行公路上的分隔岛

分隔岛宽度按其用途有不同的规定，如表 6-4 所示。

分 隔 岛 的 宽 度 表 6-4

分隔岛的用途	宽度(m)
设置标志	1.2
个别行人避险以及今后可能设信号	1.8
多车道公路的信号交叉中较多行人的越路避险	2.4
左转弯车道及剩余分隔带	4.3～5.5
标线式左转弯分隔带	至少为车道宽度
二次等候左转或穿越	7m 或设计车辆长度

(6)环形交叉口(图 6-15)的设计

传统的环形交叉,由于交织的原因而造成阻塞,早期曾被国外公路界摒弃。后因改变行驶规则,大大改善了其行驶性能而又被推广。在交通量小的情况下,环形交叉的环道上的交织取代了一般平面交叉中的穿越冲突,增进了安全和进入的自由度。但交通量增大到一定程度时,复杂的交织影响了环道上车辆的自由驶离,造成阻塞。这就是环形交叉曾经被淘汰的原因。对环形交叉试行“环流优先”或“入口等候”的行驶规则后,环形交叉的使用性能大为改善,于是又被广泛地使用。与此同时,对环形交叉为适应新的行驶规则而作了几何上的大改造。新建公路项目采用环形交叉,宜按“入口让路”交通规则而设计为“入口让路环行交叉”。

①行驶规则及其几何构造特征。到达入口的车辆发现左方环道上有车辆,且无插入间隙时,应在入口等候,待机入环。为使在环流有间隙时,等候车辆高效地使用这一间隙,入口应为不同去向的车辆分别提供等候车道,即左转弯车辆等候在较左侧的车道上、右转弯车辆等候在较右侧的车道上。

入口让路环形交叉应根据设计车辆转弯行迹、环道车道数和各岔路中包括中央分隔带在内的路幅宽度确定中心岛直径。一般情况下应不小于 10m,最小可采用 5m。中心岛一般由缘石围成,其形状除特殊需要外,均应为圆形。

②出入口。入口应右偏且呈曲线形,并使入口左路缘的延长线不与中心岛相割。入口应增辟车道而呈喇叭状。增辟的车道数至少为 1,最多为 2,入口车道总数不大于 4。停车线处的车道宽度为 3.0m,增辟车道起点的宽度为 2.5m,拓宽有效长度为 25m,见图 6-16。

图 6-15　环形交叉口

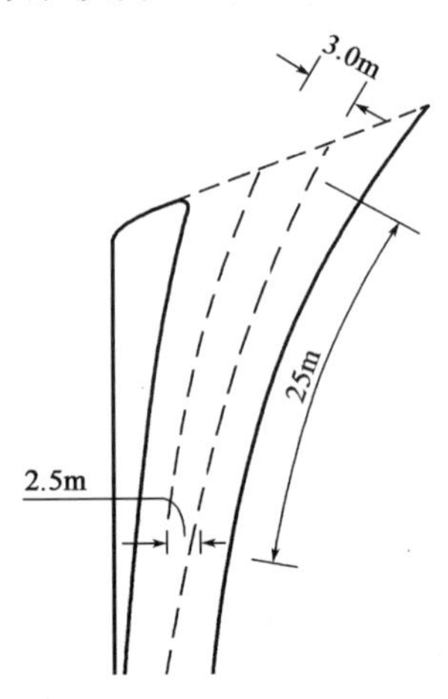

图 6-16　环形交叉口入口

入口曲线半径为 10~100m,并以 20m 为宜。入口与邻接的出口之间应尽量避免采用短的反向曲线,而应以一条直线将入口曲线和出口曲线连接起来。必要时应增大出口曲线的半径。三岔交叉中,相邻的入口和出口间距较长时,难免出现反向曲线。

出口不增辟车道,但应拓宽车道,并用 1∶15~1∶20 的渐变率收敛到下游正常行车道的宽度。

③环道。环道宽度应为各岔中最大入口宽度的 1~1.2 倍。当某一个入口的右转弯交通量占到 50%或达到 300 辆/h 时,应增辟与环道间有 V 形标线导流岛分隔的右转弯车道。

④横坡。环道的横坡应为2%,最大不超过2.5%,最小以不妨碍排水为原则。环道不设置超高,出入口曲线上应设置与行驶速度和曲线半径相应的超高。环道的横断面为拱形,拱顶线为入口和出口之间车流偏斜岛端部的连线,或环道宽度从里到外2:1的分划线。拱顶应为圆滑曲线,拱顶两侧的横坡代数差应不大于5%。

⑤视距。

a. 引道视距:入口引道线形应能使驾驶员通视分流岛、中心岛,最好还能看清环道。

b. 左方视距:到达"让路"停车线的车辆,驾驶员应能看清其左方直至前一个入口或左方50m(取其中小者)范围内环道的整个宽度。

c. 前方视距:到达"让路"停车线的车辆,驾驶员应能看清其前方直至下一个出口或前方50m(取其中小者)范围内环道的整个宽度。

d. 环行视距:环上行驶的车辆,驾驶员应能看清其前方直至下一个出口或前方50m(取其中小者)范围内环道的整个宽度。

⑥其他要求。环形交叉的中心岛,当其面积较小时,应为齐平式或微凸形;当面积较大时,应为蝶式,环道内侧应设缓边坡,不得沿岛缘(紧靠行车道)设置较深的排水沟。

中心岛、分隔岛上和引道旁的绿化种植应有利于提醒驾驶员意识到环形交叉的存在,以及满足视距和视觉方面的需要。直径小于10m的中心岛,不应种植任何树木。

环形交叉应设置环形交叉标志、入口让行标志、前置预告标志、线形诱导标、让行标线等。

6.1.4 公路与铁路平面交叉

(1)交角

公路与铁路平面相交,交叉角应尽量正交,这是考虑到尽量缩短交叉口的长度,使车辆与行人减少横穿铁路交叉口的距离和时间。另外,交叉角过小可能产生轨枕间缝卡住车轮胎等危及安全的情况,同时过小的交角也存在交通事故隐患。必须斜交时,其交叉的锐角应不小于70°;受地形条件或其他特殊情况限制时,应不小于60°。

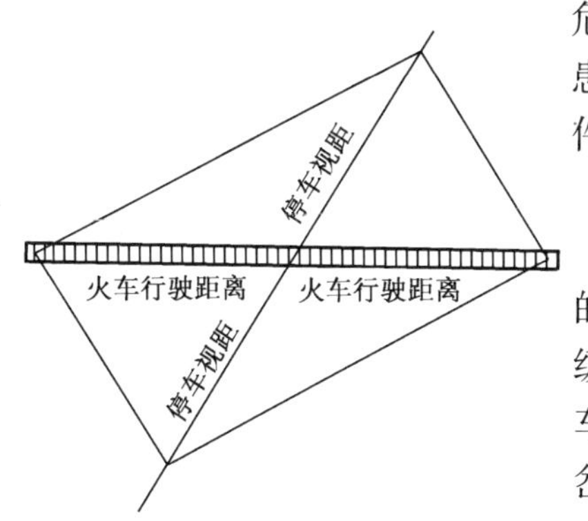

图6-17 瞭望视距三角区

(2)视距

交叉口应设置在汽车瞭望视距不小于表6-5规定值的地点。瞭望视距为汽车驾驶员在距交叉口相当于该级公路停车视距且不小于50m处,能看到两侧铁路上火车的范围(图6-17)。交叉口不得设置在铁路站场、道岔、桥头、隧道洞口及有调车作业的地段附近。

受地形等条件限制汽车在距铁路最外侧钢轨5m处停车后,汽车驾驶员的侧向瞭望视距小于表6-5规定的交叉口必须设置看守。

汽车瞭望视距　　表6-5

路段旅客列车设计行车速度(km/h)	140	120	100	80
汽车瞭望视距(m)	470	400	340	270

(3)几何线形

交叉口附近的铁路路线以直线为宜。公路路线宜为直线，交叉口两侧公路的直线长度，由最外侧钢轨算起，应不小于 50m。

交叉口两侧公路的水平路段长度(不包括竖曲线)，从铁路最外侧钢轨外侧算起，应不小于16m。紧接水平路段的公路纵坡，应不大于 3%；当受地形条件及其他特殊情况限制时，不得大于 5%。对于重车驶向交叉口一侧的公路下坡路段，紧邻交叉口水平路段的纵坡应不大于 3%。

交叉口应设置坚固、平整、稳定且易于翻修的铺砌层，其长度应延伸至钢轨以外 2.0m。交叉口两侧公路在距铁路钢轨外侧 20m 范围内，宜铺筑中级以上路面。相对于相交公路的路基宽度，交叉口铺砌宽度和公路行道宽度不得缩减。这主要是考虑到缩减断面宽度，对汽车与其他机动车、非机动车和行人通过交叉口的安全不利。即在对向同时有汽车，或交叉口上有性能差的其他机动车、非机动车占道时，应保证双向交通正常安全运行。对于公路交通量大的设置看守交叉口，交叉口处的公路断面应适当增宽。

6.2 互通式立体交叉设计

互通立交作为公路的重要组成部分，是车辆实现交通转换的重要设施。互通立交具有造价高、占用土地面积大、构造物多和空间层次分明等特点。一座互通立交建成后不但能发挥其交通转换的基本功能，而且也是一处人工建筑物景观。因此，互通立交的设计不应仅局限于实现交通转换这一基本功能，而应结合互通立交范围内的地形、地貌、人文和美学等各方面因素，将其完美结合，融入设计之中，从而更好地发挥互通立交的景观效应(图 6-18)。

图 6-18 互通式立体交叉

互通立交的设计是公路设计中的重要组成部分，往往受到地形、造价、环境和社会因素的影响，因此，如何在有限的条件下做到最合理的设计是设计人员所要追寻的目标。互通立交的设计包括互通立交形式的合理选择、互通立交的安全性设计。

6.2.1 互通立交形式的合理选择

互通立交的形式很多，按照适应功能可以分为枢纽互通立交(或高速公路互通式立交)和出入口互通立交。前者主要解决高速公路间交通流的快速转换问题，其选形中没有收费站设置等限制，形式较多，设计者可发挥的空间也相对较大，主要有苜蓿叶形、菱形、涡轮形、全定向形以及组合变化形等；后者一般服务于城镇或地方公路的交通流上、下高速公路，因常常需要封闭收费，所以其形式也相对有限，常规的有单喇叭形、部分苜蓿叶形、双喇叭形、Y 形及组合变化形等。

(1)需要考虑的因素

①选定的形式应确保行车安全、顺畅和舒适。

②选形要注意远近结合、全面考虑,要考虑远期提高的需要和可能性、技术条件等因素来确定设置位置。

③选择互通立交形式应符合转换交通量主流向的要求。

④选用的互通立交形式必须与所在地区的特征、性质相适应,应充分考虑地区规划、地形和地质条件、可能提供的用地范围、周围建筑物和设施分布状况等条件。在满足交通要求的前提下,力求达到地形利用合理、工程运营费用经济合理及与环境相协调。

⑤选形应考虑收费要求,收费立交的收费站应布设在交通量最大的象限,受地形或地物限制时应论证确定。收费立体交叉连接线两端的交叉形式可采用三肢立体交叉或平面交叉,主要应根据正线的性质、使用任务、交通量以及地形地物条件综合分析后确定。高速公路与高速公路相交时,一般收费立交形式是双喇叭形或喇叭形加 Y 形的组合立交,其他形式采用较少。另外,对于高速公路之间相交的立体交叉,考虑到车流的连续、行驶时间的缩短、吸引车辆的转换等,趋向于采用不收费的立体交叉。

⑥互通立交形式的选择应符合一致性要求,其出口在某一路段上应保持一致性,而不应采用突变的出口方式,以防给使用者造成不便。

⑦互通立交造型应从实际出发,有利于工程施工养护及排水。

(2)几何形状及结构的选择

互通立交的几何形状及结构对于行车速度、运行时间、行车视距、视野范围、服务水平以及通行能力等影响较人。在基本形式的基础上,通过仔细研究,对互通立交的总体结构进行安排和匝道布置,如跨线构造物的布置,出入口的位置,匝道的布置象限,内外匝道采用整体式或分离式断面,匝道的平、纵、横几何形状和尺寸等。

(3)方案的比较

经过初步的方案比选之后会产生几个方案,必须经过多方案的技术、经济比较,选择合理的形式和适当的规模,以满足交通功能和现场条件的要求,实现工程量小、投资经济。对于复杂的大型立体交叉,还应制作模型或立体图进行检查。

对于互通立交方案的比选,通常采用以下几种方法。

①综合评价法。此方法的原理是首先确定互通立交比选的影响因素,通常包括经济、技术和环境等,通过计算影响因素的权重,计算出各方案最终的得分,据此选择最优方案。当方案的得分较接近时,应增加影响因素,列出更为详细的比较项目进行比选。

②经济比值法。此方法可详细计算出互通立交各部分的付出费用及节省费用,并以经济指标来表示。然后将付出费用和节省费用分别相加,看哪个方案节省费用多、付出费用少、投资收回年限短,则为最优方案。

③环境协调与造型比较。互通立交建成后即成为环境的一个组成部分。类型选择时,互通立交与环境的协调、互通立交造型的美观是方案评选的重要条件,特别是互通立交造型的艺术性更为重要。拟订互通立交方案时,在保证立交功能和经济的同时,要充分考虑造型艺术的要求,尽可能使所选方案造型美观、结构新颖、与环境景观协调。造型结构的比较,一般常用透视图法或模型法。

6.2.2 互通立交的安全性设计

互通立交的安全性设计是指互通立交的设计指标不仅要满足规范的要求，还要从实际运行情况出发，保证行车的安全性。以往设计者往往忽略运行过程中人的生理、心理方面的感受和车辆实际的运行性能。互通立交属于复杂的设计对象，实际运行中受到的控制指标较多，在设计中所采用的某些指标从单个来讲是安全的，但这些指标组合起来就构成了不安全因素。安全性设计就是对互通立交中需要注意的问题进行讨论。

(1)设计一致性

设计一致性是指互通立交的设计满足驾驶员的行车期望，行驶条件的变化不会超出其预期，带来错误的信息，驾驶员可以进行正确的判断并采取行动。

①驾驶员期望一致性。驾驶员是公路的使用者，在互通立交的设计中应该考虑驾驶员的驾驶行为、感受和期望。互通立交属于高速公路中较为复杂的构造物，驶出和驶入的车辆存在分合流的情况，互通立交区域的交通标志比一般路段多，驾驶员接收的信息也较多，需要作出更多的判断。因此，互通立交的设计一致性要保证驾驶员进入互通立交范围内视距，可以清晰地看到互通立交的匝道出入口，对驾驶方向可以正确地判断，避免出现无法看清出入口、误入车道等现象。

②线形一致性。互通立交线形不是单条线形的延伸，是在一个有限的范围内若干条空间线形的有机组合。一般单条公路的线形设计，仅仅是线形要素的组合延伸，除与地形、地物及周边环境协调外，不涉及其他线形，而互通立交是由若干条线路组成的，各线路之间互相关联、互相影响，任何一条线形都不是孤立存在的，平面线位布置及纵面层次安排都要考虑与其相关线形的关系。实现驾驶员在行驶中的自然和谐，可通过优化交通组织及立交线形设计来实现，尽量减少驾驶员面对突变情况或有违其习惯性思维的可能，即便受客观条件限制难以避免时，也应给予驾驶员足够的判断时间，或提前给出提示，引导其作出正确的行车判断。

③运行速度的一致性。运行速度的一致性是指相邻路段的运行速度差满足临界值的要求。《公路项目安全性评价指南》(JTG/T B05—2004)给出了如下评价标准。

评价指标采用相邻路段运行速度的差值 Δv_{85}。

$|\Delta v_{85}|$小于 10km/h 表示运行速度协调性好。

$|\Delta v_{85}|$为 10～20km/h 表示运行速度协调性较好。条件允许时宜适当调整相邻路段技术指标，使运行速度的差值小于或等于 10km/h。

$|\Delta v_{85}|$大于 20km/h 表示运行速度协调性不良。相邻路段需要重新调整平、纵面设计。

按照《公路项目安全性评价指南》(JTG/T B05—2004)的要求，互通立交的主线采用 20km/h 作为运行速度差的临界值。运行速度差大于 20km/h 时，速度协调性不良，应对主线的平、竖曲线的半径、纵坡、横坡、视距以及加、减速车道的长度等技术指标进行调整；互通立交的匝道采用 10km/h 作为运行速度差的临界值，运行速度差大于 10km/h 时，速度协调性不良，应调整互通立交匝道的技术指标。

(2)交通量与通行能力

在规划布置立体交叉时，既要满足近期交通量的要求又要考虑远景交通量的发展。立体交叉的形式、匝道的车道数以及其他几何构造，均应根据远期交通量的估算而确定。设计通行能力低于设计交通量的互通形式是不合适的，因为它容易造成互通立交上交通拥挤，甚至发生交通堵塞。通行能力也不能过大，否则会使互通匝道不能充分利用，必然造成大量的浪费。一般考虑 3 个因素：①相交公路的直行交通量；②转弯交通量；③机动车中各种车型的比例。

交叉口的通行能力主要指匝道上的通行能力，在立交的整体运行中只要有一条匝道的通行能力不能满足该方向交通量的要求时，就会干扰或影响整个立交的正常运行。匝道通行能力取决于下列的最小值：①匝道本身的通行能力；②匝道收费站的通行能力；③匝道与主线连接部分的通行能力；④匝道与被交叉公路连接部分的通行能力。

环形匝道是唯一不需要修桥的左转弯匝道，造价最省，一般出现在喇叭形、苜蓿叶形及变形苜蓿叶形互通立交中。由于设计速度及圆曲线半径的控制，环形匝道的通行能力也往往受到限制，但交通量达到何值时不能设置环形匝道迄今未见权威论证。经验做法是当量交通量控制在 6 000 辆/d 以内时设环形匝道，大于6 000 辆/d应考虑采用半定向匝道。但设计中也有交通量大于 10 000 辆/d 甚至 18 000 辆/d 时仍采用环形匝道的，说明方案明显不合理。

(3)车道数的平衡

在高速公路、一级公路相互分叉或合流的地点，车道数往往会发生急剧的变化，为有效利用其分合流部分，使其充分发挥预期的交通容量，在分合流部分必须保持车道数的平衡，即相邻两段在同一个方向上的车道数每次增减不得多于一条，如式(6-1)和图 6-19 所示。

$$N_C \geqslant N_F + N_E - 1 \tag{6-1}$$

式中：N_C——分流前或合流前的主线车道数(条)；

N_F——分流后或合流后的主线车道数(条)；

N_E——匝道车道数(条)。

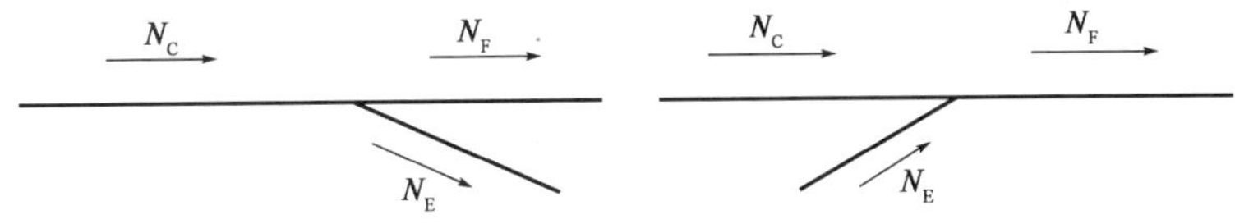

图 6-19 车道数的平衡

对于双车道匝道的互通立交在车辆分合流处，为了保持车道数的平衡，必须增设辅助车道。对主线实施分期修建的高速公路，辅助车道也可采用分期实施，以减少前期的投资成本。

(4)匝道线形设计

①匝道平面设计。匝道的平面线形设计，就是根据互通立交的地形和用地条件等因素来确定平曲线的类型，选定平曲线的半径，判断是否设置缓和曲线，计算曲线要素、里程、桩号、坐标，协调整体线形几何匹配情况，调整匝道与主线、交叉线、结构物之间的关系。

平面线形设计中必须注意以下原则：

a. 匝道平曲线的曲率应与逐渐变化的行驶速度相对应。

b. 线形设计中应综合考虑互通立交各方向匝道的交通量分布情况，交通主方向匝道应尽量采用较高的指标。

c. 由于流出匝道的行驶速度一般较流入匝道为高，所以流出匝道尽可能采用较高的线形指标。

d. 分流、合流处应具有良好的线形和通视条件。

e. 匝道起终点、收费站等连接部分的横断面组成、横坡、线形等过渡应自然顺畅。

f. 匝道线形在符合各种技术、场地、交通条件要求的前提下，还应注意工程规模合理，尽量少占用土地，减少拆迁，造型美观、协调。

②匝道纵段面设计。匝道纵面设计中应同主线一样考虑最短坡长限制和平纵组合问题，这两点在匝道的纵面设计中容易忽视或不易满足。如平曲线应包住竖曲线，变坡点不应设置在S形平曲线拐点附近，两相邻竖曲线间的直坡段长度不应过短等。纵坡设计、竖曲线设计、与平面线形的协调要遵循以下原则：

a. 纵坡要与桥跨、净高、主线、交叉线相配合，保持纵断面变化顺适、均匀，满足排水要求，控制合成坡度，注意衔接段纵坡协调一致。

b. 尽可能采用大半径竖曲线，线形流畅、舒适、连续、合理、美观。

c. 纵断面设计要与环境、立交形式、桥跨布置、平面线形、横断面线形相适应。

d. 如果采用跨线桥，应以地面高程、桥下净空、桥梁结构尺寸、交叉处设计高程等作为高程的控制因素，合理进行设计。

③匝道横断面设计。匝道横断面由行车道、路缘带、硬路肩和土路肩组成。在匝道与主线、交叉线衔接处、加宽路段处，要处理好这些复杂的平面线形关系，前后横断面的过渡必须协调一致、相互关联，准确进行横断面的设计。

④匝道端部设计。匝道端部是指与直行车道相邻的部分，包括分流点区、变速车道、渐变段和分流岛。按出入口位置可分为左出入口、右出入口和单出入口、双出入口；按线形可分为直线、曲设计线；按变速车道形式可分为平行式、渐变式；按匝道车道数可分为单车道、双车道。总之，匝道端部是最复杂繁琐的部分，必须满足相关的技术要求。

（5）互通立交间距

高速公路网互通立交布局规划应满足间距要求。一条高速公路上互通立交的设置除了满足所需的交通需求外，还应满足立交的间距要求，一般最小间距 4km，最大间距 30km。前者是从高速公路运营效率和交通安全角度出发，后者是从互通立交带动地方经济发展和便于高速公路运营管理角度考虑。一条高速公路上的互通立交间距的要求同样适合高速公路网上的立交间距。

7 交通工程及沿线设施

作为公路重要基础设施的一部分，交通工程及沿线设施的各组成部分，大多与交通安全存在着一定的关系，设计不当的设施本身也可能成为引发事故的诱因，因此合理地设计交通工程及沿线设施对交通安全意义重大。

交通工程及沿线设施应当遵循以下设计原则：

系统化设计——在系统的环境下综合协调人、车、路、环境之间的关系进行设计。

以人为本——各类设施应当方便各类公路使用者的使用，充分考虑其交通行为特征。

尊重道路属性——要与道路等级、功能、沿线环境、相邻道路的关系协调一致。

灵活运用设计规范——结合实际情况，在一定范围内合理选取技术指标，而非机械套用标准规范。

7.1 交通安全设施

从安全属性上来说，安全设施具有“主动引导、被动防护、全时保障、隔离封闭”四类功能。

(1)主动引导

交通标志、标线、突起路标、视线诱导设施等交通安全设施可以引导驾驶员，从而预防部分事故的发生，减少交通事故数量，降低事故严重程度。不同类型交通安全设施平均事故减少率见表 7-1。

不同类型交通安全设施平均事故减少率 表 7-1

交通安全设施	护栏	高出路面的反光路钮	中央分隔带或双黄线	路面上弯道警告箭头	交叉口或弯道警告标志
事故减少百分率(%)	50	5	2	20	80

(2)被动防护

安全护栏、防撞设施可实现“被动防护”，将交通事故所造成的人员伤亡和经济损失降至最低。

(3)全时保障

通过在交通标志、标线、视线诱导设施上采用逆反射材料和在中央分隔带设置防眩设施来保障夜间及恶劣天气情况下行车的准确引导和安全防护。

(4)隔离封闭

高速公路可通过设置隔离栅、桥梁防落网来进行隔离封闭，减少横向干扰和空中干扰。一般公路在穿越城镇等人员密集路段，也可采用路侧隔离栏等适当的隔离措施，规范行人横穿公路的路径，降低事故风险。

7.1.1 交通标志

(1)交通标志的服务对象

公路交通标志和标线的设置应以不熟悉周围路网体系的公路使用者为对象，为其以正常速度行驶时提供容易识别与理解的信息。“不熟悉周围路网体系的公路使用者”并非指公路使用者对周围环境一无所知，而是通过地图或其他查询手段，对前往的目的地和沿途路线有所了解，然后通过交通标志和标线的正确引导能顺利抵达目的地。

日本标志标线设置手册中规定，指路标志的设置是有一定前提的，即公路使用者需使用公路地图等预先选择好路线，以便确认沿途的标志牌内容与其选择的路线是否相符。美国MUTCD(交通控制设施手册)中也提到，指路标志的设置不是针对一无所知的驾驶员。从实际情况分析，如果一个驾驶员要去往某个目的地，一般情况下会提前进行准备，并且对路线有一定的了解。

在北京市某区域进行调查问卷的结果表明，80%以上的驾驶员在要去往一个不熟悉的目的地时，会首先查阅地图，确定其大概位置并大致了解方向后才会上路。要求指路标志将所有驾驶员需要的信息均包含在内，使任何一个驾驶员仅仅依靠指路标志就能够顺利到达目的地是没有必要的，受版面所限，这也很难达到，如果一味强求只能适得其反。公路使用者到没有去过的地方旅行时，可辅助公路地图等手段，预先选择好行驶路线，到什么地方出口，转向什么路线，再利用标志和标线进行确认，即可顺利到达目的地。

(2)设置原则

①在路网环境下综合考虑原则。以公路网作为设置环境，首先对路网交通标志作出统筹规划，提出统一的设置标准，然后再根据各路段的实际情况提出有针对性的设计方案。所传达的信息应充分体现路网之间的关系，从而保证标志系统在路网环境下一致、合理、有序。高速公路与一般公路和城市道路之间应互相呼应，充分发挥路网在调节交通量和应急救援方面的功能。

②整体性原则。交通标志是整个公路系统中的一部分，与其他公路设施、环境交互作用，共同发挥着公路的性能，将其隔离、孤立考虑设置是没有意义的。因此，标志的设置必须从整个公路系统出发，按照整体性的原则，使标志的形态、材料、结构和位置与公路等级、功能、沿线环境以及其他交通工程及沿线设施协调一致，综合考虑人、车、路、社会环境之间的关系，实现公路交通系统整体功能和形式的统一与和谐。

③系统性原则。系统性原则是保证信息连续性、统一性和明确性的关键。在路网环境下，公路使用者在行动过程中获取了信息，但由于记忆的短暂性造成信息记忆的不准确，会引起其不安，因此信息的连续性显得非常重要，而表现形式的统一性则使公路使用者能够迅速获得需要的信息。应根据标志的种类、标志相互之间的关系、各自承担的主要信息功能以及不同位置的信息需求等，从系统角度出发进行设置。特别是对于支路标志，其设置应满足一致性、连续性的要求，确保与公路使用者对话的连续，实现对其提醒、肯定、最终确认的连续导向作用。图 7-1所示为某高速公路两个互通式立体交叉之间主要指路标志的设置示例。从图中可以看出：地点、距离标志中所出现的第一个地名为出口预告标志中出现的第一个地名。主线三角端处出口标志所体现地点的名称与出口预告标志的地名是一致的。经过收费站、驶入及驶离高

速公路的方向、地点标志中的地点名称分别与高速公路入口预告标志和高速公路出口标志中的地名保持一致。

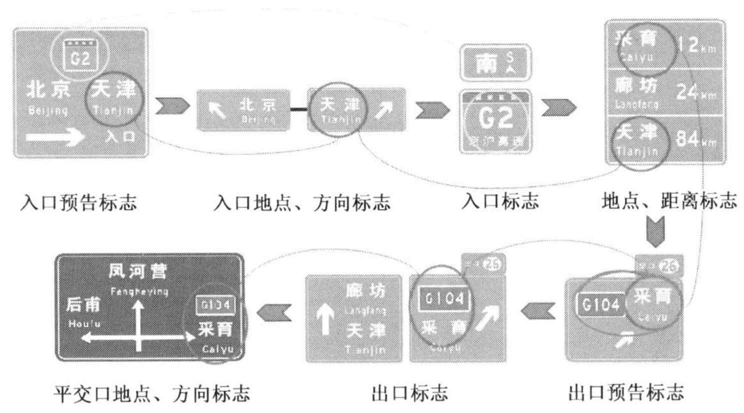

图 7-1 指路信息的一致性、连续性

④功能性原则。准确、迅速地向公路使用者传达明确无误的信息，便于其正确快速地判断，进而采取行动是交通标志的主要功能。使交通标志的功能在公路实际交通使用中最充分、最有效地发挥出来，是标志和标线设置的基本要求。要力求以最少的标志数量，最准确的位置，最及时、最充分地发挥标志的作用。特别是要注意以下方面：

a. 设置地点应能保证交通信息有足够的可辨性、可识别性且易读，以便顺利完整地向公路使用者传递信息。在同一地点不宜设置过多的独立标志，否则会导致信息过载，容易造成视觉混乱。

b. 交通标志的设置应注重平衡性、均匀性。既要避免出现过于集中、信息过载的情况，又要避免信息不足的情况发生。从系统性来说，交通标志应为所有驾驶员提供尽可能详尽的信息，但从驾驶员的接受能力来说，交通标志提供的信息应简明、扼要。交通标志的设置应在两者之间加以折中，使提供的信息不得超出一定的范围。

c. 标志的形式、尺度、材料、结构和安装地点等问题在确定之前都要通过安全性的考查，以安全为前提，不符合安全条件或具有安全隐患的因素要及时调整。标志的造型、结构应尽量保持一致，使驾驶员以正常速度行驶时能及时认出并看清。

(3)设置位置

交通标志的设置位置应根据标准、规范的设置要求，综合考虑驾驶员的信息接受能力、视距的要求以及车辆的构成，灵活确定。交通标志应位于路侧安全净区以外，否则应进行适当防护，以免构成路侧障碍物。

①在选择标志设置位置时应确保标志信息的视认性，以便顺利、完整地向驾驶员提供有效信息。

②在保证交通标志视认性的前提下，考虑交通标志位置的准确性。

a. 警告标志到危险点的距离应满足停车视距的要求。图 7-2 中所示的警告标志，用于提醒驾驶员将进入纵坡达 8%的路段，应低挡驾驶，这对容易发生严重交通事故的路段来说至关重要。

b. 禁令标志和指示标志是禁止、限制或指示车辆、行人交通行为的标志，大多设置在交叉

图 7-2 警告标志到危险点的距离

路口或公路的入口处。由于该类标志要求驾驶员看到标志后严格遵照执行，因此应将其设置在路口或路段附近醒目的位置。若远离路口设置，驾驶员不清楚该标志禁止、限制或指示的是哪个路口，反而会造成迷惑。

c. 指路标志的设置位置应合理应用《道路交通标志和标线》(GB 5768—2009)、《公路交通标志和标线设置规范》(JTG D82—2009)，以使交通参与者能够清楚地辨认交通流向为目的。如在交叉路口前存在与导向不相关的岔路，则应将预告标志设置在主要交叉路口的近处。对高速公路来说，当按规范要求设置的交通标志之间的间距小于 3km 时，设置地点的偏差为±50m；间距在 3～5km 时，偏差为±250m。

③交通标志在公路的纵向和横向位置均要高度醒目，并与沿线其他设施和环境相和谐，不要互相遮挡，以免使交通标志失去应有的作用(图 7-3)。对计算确定的标志设置位置应进行视认性检查，查看有无遮挡标志的障碍物，最后确定标志的设置位置。当视距受限时，在道路左侧可以设置一块同样的标志，以提高交通标志的醒目性。

图 7-3 交通标志被遮挡示例

④安装路侧标志时，为避免标志面对驾驶员的眩光，标志面的法线应与公路中心线平行或呈一定角度。禁令标志和指示标志为 0°～45°，指路标志和警告标志为 0°～10°。采用悬臂、门架或附着式支撑结构时，标志的安装角度应与公路中心线垂直。在积雪地区，门架安装时标志板可前倾 0°～10°。

(4)版面设计

标志版面设计的主要内容包括比例与尺度、材料、色彩与采光、图形与文字等。在进行设计时，从人机工程学原理出发，考虑驾驶员的视觉特性、认知特性和反应过程，综合考虑各设计要素。

①显著性。交通标志、监控信息提供设备应在其背景下很容易被发现。其尺寸、亮度、字体粗细、轮廓清晰度、与背景的对比度等均将影响其显著性。图7-4所示为节能环保的太阳能发光标志，可以增加标志夜间的视认性。

图 7-4 太阳能标志

②简洁性。当驾驶员所获取的信息、需要作出的决策过多时，可能会忽视一些对安全操作非常重要的信息，因此要保证版面图画或文字所传达的信息简洁明了。图 7-5 所示为某高速公路方向、地点标志和地点距离标志提供的信息过多的实例。

图 7-5 交通标志信息过载示例

③易理解性。交通标志、监控设备所表达、提供的信息一定要能很快地被驾驶员理解。需要注意的是，一些抽象的符号并不容易理解。图 7-6 通过简单鲜明的图画规定了下雨天和正常天气的限速值，起到可变限速标志的作用。

④可信性。标志所传达的信息一定要真实可靠，并与驾驶员有关，应严格遵守国家标准的规定或者通过有关部门的认可。

⑤可定位性。交通标志所传达的信息应有助于车辆的长短途定位，明确导向关系。

⑥生动性。交通标志设计应激发接受者的联想、想像和情感体验，给予驾驶员以交通教育，从而影响其交通行为，有助于交通安全。图 7-7 所示为通过漫画形象生动地提示驾驶员系好安全带。

图 7-6 静态可变信息标志

图 7-7 漫画式标志

(5)支撑结构的设计

支撑结构的设计要遵循功能与形式相结合的原则，设计中需要考虑主要的因素如下。

①道路所在地区：交通标志会处于沿海地区、内陆平原地区、山岭重丘地区等，位置不同，风速差异很大。如无调查资料，可按《全国基本风压分布图》选取设计参数。

②标志具体设置位置：

a. 处于桥梁段的标志结构应采用与桥梁结构相同的设计风速值，落地式标志应考虑风压高度系数和风振系数。

b. 位于路侧安全净区内的小型交通标志，应设计成解体消能形式(图 7-8、图 7-9)。

c. 根据标志的具体设置位置灵活设计标志结构形式(图 7-10、图 7-11)。

③交通标志的支撑方式应根据该处的道路条件(车道数、通视条件)、交通量、交通构成(大货车比例)及所传达信息的重要程度来确定。

a. 大型悬臂式和门架式标志能支撑较大的标志板，在多车道、大型车辆比例比较高的情况下有较好的视认性，但也最昂贵。如所在位置附近有跨线桥，可考虑采用附着式。

图 7-8 解体消能式交通标志

图 7-9 解体消能式交通标志结构

图 7-10 灵活设计标志结构形式

b. 路侧柱式结构相对简单，较经济，多为小型标志，适用于车道数不多、大型车辆较少的交通状况。对于重要的路侧标志，为了避免车辆的遮挡还可以采用双侧设置的方式，使交通标志醒目，如图 7-12 所示。

图 7-11 双侧标志

图 7-12 路面标志

c. 如中央分隔带不具备设置条件，可考虑设置路面标记。路面标记字数较多时，文字顺序应当与行车方向一致，符合人的认读习惯。

d. 门架式、悬臂式标志发生倾覆、倒塌事件将对行车产生重大影响，因此应适当提高设计等级。

④美学、景观因素：在满足功能要求和视认性条件后，标志结构各构件的构成比例应进行美学方案比选，整体结构应与道路宽度和周边景观相和谐。

7.1.2 交通标线

交通标线由施画于路面上的各种线条、箭头、文字、立面标记、突起路标和轮廓标等组成，其作用是管制和引导交通，既可与交通标志配合使用，也可单独使用。

(1)交通标线的适用范围

二级及以上等级的公路均应施画交通标线，三、四级公路应尽可能施画。

(2)渠化标线的设置

互通立交出入口、隧道入口、平交路口等处均应施画渠化标线，如出入口标线、导流线、斑马线等，使车辆能各行其道。如图7-13所示，通过在Y形交叉路口设置导流线使各个方向的车辆能清晰地找到其行驶轨迹，避免了交通的无秩序化。

如条件具备，可配合设置一些弹塑性好的物理隔离设施。图7-14所示为高速公路主线与入口端的三角带处，通过使用入口标线与弹塑性诱导标，有效地保障了主线的畅通，更好地达到了交通畅通和安全的目的。

图7-13 在Y形交叉路口设置导流线

图7-14 物理隔离

(3)交通标线与标志的合理搭配

交通标线与交通标志可以互相补充，两者所表达的内容应无冲突。图7-15中人行横道标志与标线、减速让行标志与标线互相配合设置，使交叉口的路权一目了然，既提高了通行能力，又保障了行人安全。

(4)交通标线材料的合理选用

在选用标线材料时，不应仅强调施工后标线的外观，如表面是否平整、边缘是否整齐等，因为标线的内在性能如逆反射值、防滑值、抗污性能、标线的环保性能(VOC、重金属含量)、与路面的附着力、标线的性价比等才是最为重要的。标线种类繁多，包括溶剂型、热熔型、双组分、水性、树脂防滑型、预成型等，每种标线涂料的特性都较为突出，适用于不同的场合。应根据不同的地区、不同的路面、不同的标线类别、养护维修的便利性等选用不同的标线材料。

①高速公路的车行道边缘线、斑马线等处可采用热熔喷涂型涂料(涂层厚度0.7～1.0mm)，能满足反光要求，且性价比最高。

②高速公路的车行道分界线可采用耐久性标线涂料，如热熔刮涂型涂料(涂层厚度1.5～2.0mm)。

③普通公路建议采用普通反光标线，以预防交通事故的发生。

④公路事故多发路段可采用防滑型涂料和热熔突起型涂料(图7-16)。

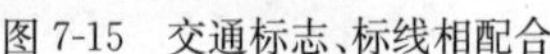

图7-15　交通标志、标线相配合

图7-16　热熔突起型涂料

⑤水泥路面可采用热熔喷涂型涂料，以提高性价比。

⑥双组分涂料是近几年研制出来的一种标线涂料，采用其施画的标线使用性能满意率高，表现为反光性能优良，使用寿命最长，缺点是价格偏高、施工要求严格。

⑦对环保要求高的公路，水性涂料将是最佳选择，同时该种标线性价比高、反光性能优良。

(5)特殊类型的交通标线

经论证，较危险的路段可以设置涂料型减速标线、视觉减速标线以及彩色路面铺装等，以降低车速，增加路面的摩擦系数。为减少车辆越出路外造成的伤亡事故，减少雨、雾、雪或沙尘对行车的影响，在路侧沿车行道边缘线可设置震动带。

①涂料型减速标线。涂料型减速标线是利用标线涂料沿道路横向布设组成的减速标线，目的是通过驾驶员的心理变化，主动采取减速措施。

②视觉减速标线。视觉减速标线是运用交通工程学和交通心理学原理，利用设置在车道边缘线的白色虚线块或实线，给驾驶员以车道变窄的视觉效果，提醒其减速慢行，谨慎驾驶，如图7-17所示。

图7-17　视觉减速标线

③彩色路面铺装。彩色路面铺装材料是一种新型的抗滑型道路标线材料，可以防止车辆打滑、增强车辆运行时的减速效果，提高行车的安全性，而路面的彩色化可以美化行车环境。

④震动带。车行道边缘线可采用突起结构型涂料，或施画成间隔紧密的虚线型，或配以路面隆声带(图 7-18)，使越线车辆驾驶员能及时得到提醒，恢复正常行驶路线。

图 7-18 震动带

7.1.3 护栏

(1)设置原则

应根据路侧危险程度、发生事故的概率、运行速度和交通构成等主要因素来确定是否设置护栏。一般情况下，设置护栏的路段应是事故发生后人员伤亡、财产损失严重的路段和事故发生频率高的路段，设置时应考虑下列因素。

①防止驾乘人员因车辆驶出路外(含路侧)造成伤害，如山崖、挡土墙、高架桥及沿江、河、湖、海的路段。

②防止车辆驶出路外造成二次伤害，如沿线临近铁路、其他重要道路的路段，高速公路的中央分隔带等路段。

③事故多发路段、气象条件较恶劣的路段或其他有必要进行防护的路段。

(2)长度设计

《公路交通安全设施设计规范》(JTG D81—2006)规定了护栏设置的最小长度，但这主要是根据结构要求设置的最小长度。对于长度和范围大小不同的障碍物，护栏的设置长度应当是不同的。护栏设置长度要能够截断车辆的驶出轨迹，使汽车不至于冲出护栏。

(3)结构设计

根据受到撞击后的变形程度，护栏一般可分为半刚性护栏(含钢背木护栏)、刚性护栏和柔性护栏三种型式。目前常用的各种型式示例如图 7-19～图7-21所示。

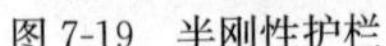
图 7-19　半刚性护栏

图 7-20　刚性护栏

图 7-21　柔性护栏

护栏型式在选择时主要考虑的要素见表 7-2。

护栏型式选择考虑因素　　表 7-2

考虑因素		说明
变形量		护栏的变形量不应超过容许的变形距离:柔性护栏变形最大,刚性护栏变形最小,半刚性护栏变形居中。 如果护栏与被保护物体间距较大,则可选择对车辆和人员产生冲击力最小的方案。如障碍物正好临近护栏,则只能选择半刚性或刚性护栏。大多数护栏可通过增加立柱或板的强度来提高整体强度。 4.5m 以下宽度的中央分隔带不宜设置柔性护栏
现场条件		边坡的坡度、与行车道的距离可能会限制某些护栏的使用。 在边坡上设置护栏时,如边坡坡度陡于 1∶10,应采用柔性或半刚性护栏;如边坡坡度陡于1∶6,则任何护栏均不应在边坡上设置。 如土路肩较窄,则立柱所受土压力减少,则需要增加埋深、缩短柱距或在土中增加钢板
通用性		护栏的型式及其端头处理、与其他型式护栏的过渡处理应尽量标准化,中央分隔带护栏型式还应考虑与其他设施(如灯柱、标志立柱和桥墩等)的协调性。 只有采用标准护栏不能满足现场要求时,才需要考虑非标准或特殊护栏的设计
全寿命周期成本		在最终确定设计方案时,考虑最多的可能是各种方案的初期成本和将来的养护成本。一般情况下,护栏的初期成本会随着防撞等级的增加而增加,但养护成本会减少。相反,初期成本低,则随后的养护成本会大大增加
养护	常规养护	各种护栏均不需要大量的常规养护
	事故养护	一般情况下,事故后柔性或半刚性护栏比刚性或高强度护栏需要更多的养护。 在交通量大、事故频率较高处,事故养护成本可能会变为最需要考虑的因素,这种情况通常发生在城市高速公路沿线。在这种位置处,刚性护栏(如混凝土护栏)通常作为选择方案
	材料储备	种类越少,所需要的库存类别和存储需求越小
	方便性	设计越简单,成本越低,且越便于现场人员准确修复
美观、环境因素		美观通常不是选择护栏型式的控制因素,但旅游公路或对景观要求高的公路除外。 护栏的选择还要考虑沿线的环境腐蚀程度、气象条件和其对视距的影响等
实践经验		应对现有护栏的性能和养护需求进行监测,以确定是否需要通过改变护栏型式来减少或消除已发现的问题

7.1.4　其他交通安全设施

(1)视线诱导设施

视线诱导设施沿车行道两侧设置,用于指示道路线形、方向、车行道边界及危险路段,诱导驾驶员视线(图 7-22、图 7-23)。

图 7-22 轮廓标

图 7-23 应当设置视线诱导标志的位置

(2)控速设施

山区公路的急弯陡坡、连续长大陡坡路段，高速公路进入普通公路的平交口路段，公路穿越城镇、村庄的路段等处，如车速过快，往往会产生很严重的事故，需要采取交通设施强制车辆减速。

控制车速的设施一般可分为三类。

①竖向设施：通过竖向高低不同的震动来强制减速，如设置减速丘(图 7-24)或粗糙路面。减速丘的断面形式可以是正弦曲线形、圆弧形、抛物线形或平顶形(图 7-25)。

图 7-24 减速丘

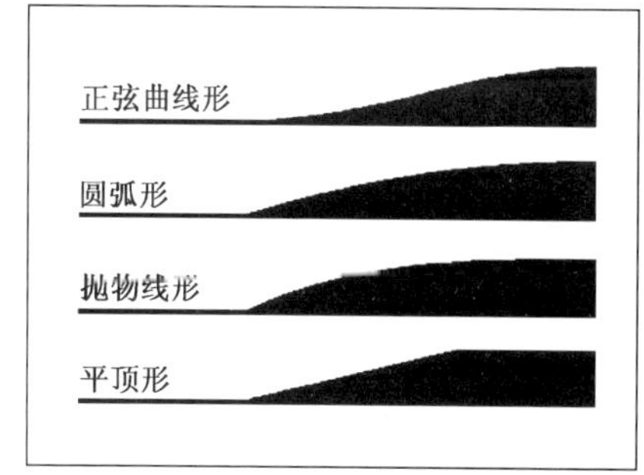

图 7-25 减速丘的断面形式

②横向设施：通过横向分隔来强制减速，如设置中心岛，如图 7-26 所示。

③公路变窄：通过使驾驶员感觉到公路变窄的心理变化来减速。可通过绿化、公路设施等途径来实现，使驾驶员感觉到视野受限从而主动采取措施、降低行驶速度。图 7-27 所示的公路变窄设施不但能使车辆有效减速，而且便于行人安全通过公路。

图 7-26 中心岛

图 7-27 公路变窄设施

(3)防眩设施和隔离设施

防眩设施和隔离设施也是重要的安全设施，见图 7-28～图 7-30。

图 7-28　防眩板

图 7-29　隔离栅

图 7-30　桥梁护网

7.2　服务设施

高速公路的服务设施通常是指各种形式的服务区、停车区以及观景台。服务设施内设置商店、汽修、加油、住宿、停车、卫生设施等直接服务于每个驾乘人员，强调为人、车服务，让驾乘人员得到良好休息。

高速公路是供给机动车辆高速行驶的全封闭、全立交、完全控制出入的专用道路。为了消除驾乘人员在长期驾驶中所产生的生理和心理上的疲劳，服务设施提供了舒适优美的休息、就餐、娱乐场所。同时，为了给车辆提供加油、维修的停车环境，保证其高速、安全的行使，必须在高速公路沿线按适当的距离设置服务设施。服务设施的设计要坚持以人为本、安全至上的原则。

7.2.1　服务区和停车区

服务区和停车区要根据公路使用者的生理、心理需求和车辆机械性能的客观需求，结合地理环境和道路景观精心规划和设计。

(1)选址

我国服务区的间距基本在 50km 左右，事实证明这个间距是合理的。而停车区的间距是按休息等生理方面的要求而定的，其间距在 25km 左右。但要避免机械地按照间距来确定位置。因此，为了把休息设施合理地设置在某条路线上，必须综合考虑许多因素，诸如靠近路线的城市位置，该路线的交通量、交通组成、景观以及互通立交、路线的特性等。例如在公路的长大下坡之前可以设置服务区，便于驾驶员检查制动系统和休息调整。

(2)规模

服务区的总体规模应由各组成要素的规模相加在一起组成，各组成要素的规模原则上是根据停车车位数确定，并兼顾服务区的使用频率。服务区规模设计要有发展的意识和观念。高速公路联网后车流量递增速度快，出现了有的高速公路通车不到 6 年，服务区就已经改造扩建两三次的现象，不但资源浪费大，也为服务区的交通安全留下了隐患。

(3)内部交通组织及合理分区

场地布局以尽可能满足人和车的需要为前提，采取人车分流的原则。停车场宜集中合并设置在一起，并按大、中、小型车分类设置，同时应根据交通流量及场地大小尽量留足停车位。停车位不宜用花坛等隔开，以便车辆进出并保证停车位的兼容性。合理组织交通流路线，避免不同类型车辆流向相互影响、干扰。每个服务区要有其自身特点，保证人流、车流的顺畅，中间互不干扰，创造出舒适、安全的室内外环境。通常情况下，当车辆减速从匝道行使进入服务区时，直接到达停车场进行人车分离。

(4)绿化和景观设计

服务区应当营造一种与高速公路上完全不同的轻松氛围，以缓解驾乘人员的疲劳，满足人们休息的需求。其建筑主题设计应当与周围景观相协调，符合美学原理。在条件许可的情况下，应加强绿化，适当引入小溪、池塘、雕塑等人造和自然景观，以便于驾乘人员休息，缓解旅途中的疲劳感。

(5)出入口匝道设计

服务区进出匝道的平、纵线形设计，直接关系到服务区的有效利用面积及安全问题，应保证与主路顺畅衔接，确保车辆出入的安全。

(6)综合交通安全措施

服务区和停车区内应当加强综合安全措施，通过标志、标线以及其他安全设施的设置提高服务区的安全性(图 7-31)。

图 7-31 服务区综合交通安全设施

(7)提供服务多样化

服务区的服务设计应当充分体现人性化，考虑老年人、残疾人以及不同人群的特性，提供多样化服务。服务区除了提供停车、加油、休息等常规服务外，还可以根据现实情况，沿线设置降温池、加水站、车况检查区，提供安装防滑链等安全服务。

7.2.2 观景台

结合地形条件，于沿线两侧选择合适的地点设置观景台，对于景区公路十分必要。公路观景台既能为公路使用者提供休憩的场所，又能使其获得美的视觉享受，是功能与艺术的结合体。观景台的设计要遵循功能性和景观性相结合的原则(图 7-32)。

观景台位置的选择非常重要，一般设置在公路两侧有较高景观价值且视域范围良好的地方。观景台的设置要充分考虑观景环境的安全性和可行性，如观景点地理位置良好、有足够的回旋空间、不影响行车安全等，应避免设置在视距不良或容易发生交通事故的路段。

图 7-32　观景台

观景台的合理设置可以将人的活动范围控制在一个合理区域内，不仅可保证行车安全，更大大减小了人对环境的影响范围。如条件允许，可在观景台与公路之间设置绿化带加以分离。服务于观景台的停车场及其他设施也应综合考虑，合理布局。

景观设计时应统一考虑综合因素，通过周围景观与观景台本身的交融与延伸，产生丰富的意境，使公路使用者在行车的动态观赏中得到驻足休憩，在静态环境中得到休息与放松，获得生理和心理的双重愉悦。

7.3　管理设施

自从以当代高新技术为基础的智能交通系统的概念和技术在发达国家提出后，高速公路的管理系统智能化逐渐成为现实。

交通智能管理系统是高速公路管理的高科技技术工具，一般包括交通检测系统、交通监控系统、交通诱导系统和控制中心以及紧急救援系统。它通过实时采集交通信息，实时处理并发布相应的诱导信息，派出紧急救援车辆等来进行有效的交通管理。

高速公路交通管理系统是通过信息与通信技术将道路安全要素中的人、车、路整合协调(图 7-33)，在道路交通安全方面起到举足轻重的作用。据加拿大的统计，在采用了高速公路管理系统后，撞车事故减少 22%，延误减少 21%，而主路平均车速提高近 45%，与此同时，系统运行积累了大量的实时交通数据，为进一步实施交通监视，确保交通安全奠定了基础。

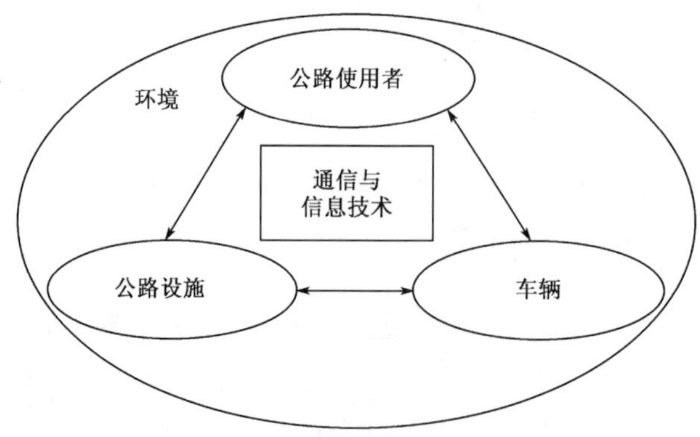

图 7-33　高速公路管理系统

7.3.1 交通监控系统

高速公路交通监控系统通常是由高速公路的通行环境监控系统、交通状况监测系统和交通违法行为监测系统组成。

(1)通行环境监控系统

通行环境监控系统主要包括高速公路沿线的气象状况(尤其是恶劣气候,如飓风、暴雨、结冰、大雪、浓雾和沙尘暴以及能见度等的监测)、隧道或涵洞的通行环境(主要是亮度、消防与污染情况等的监控)和有关机电系统及设备的运行状态等监测与控制系统。

(2)交通状况监测系统

交通状况监测系统包含了路面交通现场实况的电视(视频)监视、交通事件(特别是交通拥堵、交通事故与道路险情)监测以及交通参数(主要是机动车辆的载质量、行驶速度、交通流量和道路占有率)检测等系统(图 7-34)。

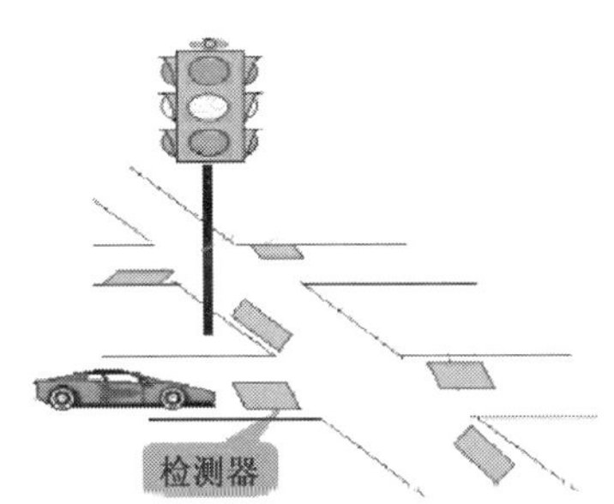

图 7-34 检测线圈

(3)交通违法行为监测系统

交通违法行为监测系统又称电子警察,一般涵盖了固定或相对固定在高速公路上特定的某个位置或者几个位置(如路段或者收费站出入口的特定位置)的机动车辆卡口监测系统(俗称卡口系统)和可以在高速公路整个路段上进行移动式机动车辆通行状况监测的流动测速(如雷达测速仪)、流动抓拍(如数码相机或摄像机)及酒精测试等系统(图 7-35)。

图 7-35 视频监测器

7.3.2 交通诱导系统

高速公路交通诱导系统在通过对道路交通状况实施监测后,评价交通状况,向公路使用者发布相关交通信息,对其交通行为进行诱导(图 7-36)。它主要是由交通标志诱导系统、群体诱导系统和个体诱导系统组成。

(1)交通标志诱导系统

交通标志诱导系统是指在高速公路上由 LED 电子点阵制成的相关固定和流动道路交通标志。如可变情报板、车道灯与限速牌等组成的交通诱导系统(图 7-37)。

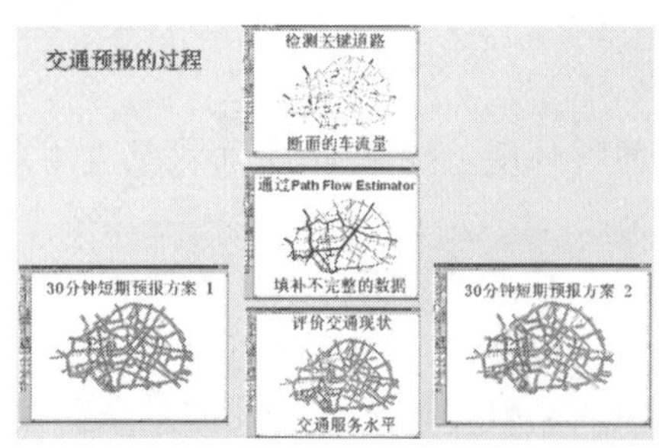

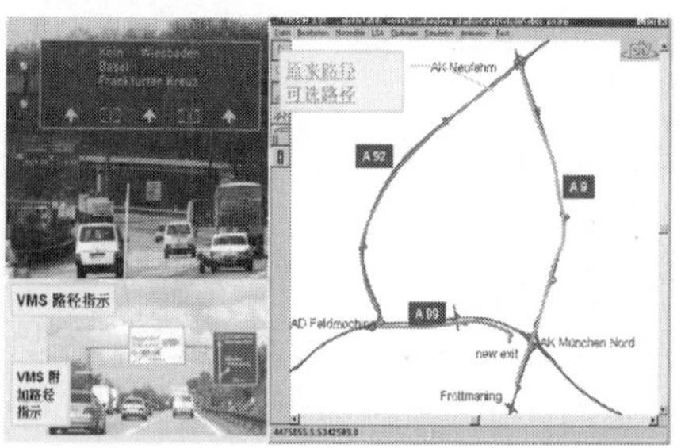

图 7-36 高速公路路径诱导系统

图 7-37 交通标志诱导系统

(2)群体诱导系统

群体诱导系统一般是指借助调频/中波/短波广播、有线及无线电视和报刊与杂志等大众传播媒体、面对广大受众的交通诱导系统。

(3)个体诱导系统

个体诱导系统是指通过有线或无线公众通信媒体的短信、寻呼以及电子邮件等方式、针对某些特定个体的交通诱导系统。

7.3.3 紧急救援系统

高速公路紧急救援系统是建立在高速公路管理系统的基础上，快速应对突发异常事件的系统。高速公路上的交通事故往往是具有意想不到的危害性的事故，因此建立紧急救援系统就是为了以最快的反应速度，在最短的时间内排除故障。

(1)组织分工

①高速公路管理中心，利用高速公路监控系统，负责监控指挥救援的工作过程。

②交通警察部门，负责巡视交通状况，接收事故报警，并及时处理。

③路政部门，负责养护维修道路设施。

④公安部门。

⑤消防部门。

⑥医院救护部门。

⑦环卫部门。

(2)功能

①信息采集与异常交通状况判断和预测。利用交通监控系统对高速公路异常天气、异常交通状况进行监测判断和检测。

②提供信息服务。当道路上发生异常交通事件时,利用交通诱导系统及时向其上游车辆发布交通信息,采取交通诱导措施,防止追尾事件发生,降低事故突发段的交通压力,为恢复正常交通提供条件。

③决策紧急救援方案。在获悉异常事件发生后根据时间类型和程度快速作出紧急救援方案,通知各部门协调分工进行救援。

(3)结构设计

紧急救援系统为了完成其救援任务,需要建立各部门相互协调配合的系统结构,见图7-38。

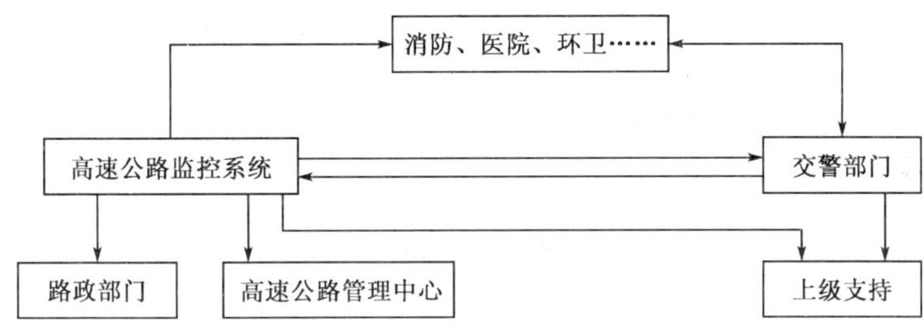

图7-38 高速公路紧急救援系统的结构

8 营运公路的安全改善

8.1 概 述

营运公路的安全改善是一种被动的公路安全措施，主要针对发生过事故的位置，评估曾发生交通事故的情况，从而为未来的安全改善措施提供依据。

交通事故是随机事件，引发因素很多，但是如果道路某处经常发生交通事故，并且事故类型相同，就应考虑此处的道路特征及事故发生的内在规律，这种位置通常被称作道路事故多发段、点，也称道路黑点。关于道路黑点的定义国内外的描述有很多。

［资料阅读］

道路黑点的定义

(1)荷兰 MATAC 手册的定义

3 年内发生的事故数量为 6 起或以上的位置(交叉口)以及前 3～5 年内在同一位置总事故数为至少 10 起或相似事故为至少 5 起的连续路段被称为黑点。

(2)挪威的定义

长 100m 的路段内 4 年内发生 4 起以上含人员伤亡的交通事故称为道路黑点，长 1km 的路段内 4 年内发生 10 起以上含人员伤亡的交通事故又称道路黑段。

(3)澳大利亚 MONASH 大学《道路安全工程指南》的定义

道路系统中事故具有无法接受的高事故发生率的位置称为黑点。

各国的定义都是根据定义者对交通事故的研究并结合本国实际情况提出的，但都共同反应了道路黑点的一些特点：

①在一定位置或路段的事故具有一定的高频度和高密度。

②和道路特征有直接关系，可以通过改进道路设施而取得改善。

公路交通系统由人、车、路及环境组成，其中一个或几个因素组合后存在的缺陷会增加发生事故的机会，其中人是主导因素。对于营运公路安全改善的完整体系应从人、车、路三方面入手，全方位改进。但对于道路黑点、道路设施方面的改进具有明显、直接的作用，是改善措施的首要选择，本章重点针对道路黑点，阐述道路设施方面的改善，其具体过程见图 8-1。

图 8-1 营运公路安全改善

8.2 道路事故黑点的鉴别

黑点鉴别就是将那些道路上发生事故数异常的位置挑选出来，以便采取相应的对策。常见的鉴别方法有：专家经验法、绝对次数法、当量总事故次数法、相对事故率法、数理统计法、鉴别指数法、质量控制法等。

8.2.1 专家经验法

由道路事故安全主管部门组织道路交通安全评价小组，小组由道路工程师、交警以及路政方面的专业工作人员组成，人数在10人左右，定期对所管辖的道路安全状况进行实地勘察，并且根据经验，对道路的交通安全性作出评估，从而进行事故黑点的判定，同时提出改善意见。

8.2.2 绝对次数法

以事故的发生次数作为指标，确定事故的正常标准值。当某些点、段的交通事故次数，在规定的时间内超过正常标准值时，就认为是事故黑点。荷兰对道路事故黑点的定义就是这样的。该方法要求一个地区、省或国家对不同等级、不同交通量的公路应有长期的、全面系统的资料基础，对路网中各等级道路事故的平均水平变化有长期的数据积累。

［资料阅读］

荷兰判定事故黑点的方法

方法1：

根据现有事故统计数据制作一个清单，用于反映事故发生的频率。清单分为交叉口和公路连接线，后者能指出每条公路的事故数量。

方法2：

利用总量地图，这是由公路所有者或公路管理部门管理的地图。它实际上每年都在更新，并记载所有的事故。地图上每起新的事故由彩色别针表示。别针头的颜色根据事故的严重程度和(或)伤员的受伤程度决定。

以最近几年的事故数据组成一个展示图，显示出这一区间的事故数量。通过该图，可以快速直观地提供制订公路安全政策的切入点，包括事故黑点的选择。

8.2.3 当量总事故次数法

以当量事故次数作为判定标准，确定交通事故的多发段、点的方法为当量总事故次数法。在上述绝对事故次数法的分析过程中以当量事故次数代替绝对事故次数，从而产生相应道路事故多发点的判定指标。该法不仅考虑了事故次数，还考虑了事故危害程度。

8.2.4 相对事故率法

以事故数相对于交通量的比率为指标，根据不同的交通量确定路口或路段标准。当事故率大于相应标准时则定义为事故多发段。

相对事故率法考虑了交通量的影响因素，既可以对一条道路上不同交通量路段的交通事故水平进行纵向比较，也可以对不同等级但交通量接近道路的交通事故水平进行比较；既可以满足网络的评价需要，也可以满足某一条道路的需要。类似的方法还有逐步判断法、矩阵法。

8.2.5 数理统计法

数理统计法有几种类型，其主要思路是在道路等级、交通量基本相同的道路条件下，认为道路交通事故发生的频率服从某一特定的概率分布规律，在该分布规律下确定一个置信度水平，小于该置信度水平的事故次数的地点、路段即被定义为黑点。

8.2.6 交通冲突技术

交通冲突技术是一种依据一定的测量方法和标准对交通冲突的发生过程和严重程度进行定量的测量和判断，并用于道路安全评价、交通事故预测等方面的技术。该方法认为交通冲突与交通事故之间存在着某种联系，交通冲突是不安全的交通行为的表现形式，其发展结果可能导致事故发生。由于交通严重冲突与交通事故之间有良好的相关性，因此可以认为路段上严重冲突较为集中的位置也是交通事故多发段，具体操作可以采用数理统计的方法进行。

8.3 黑点分析方法（MATAC 方法）

黑点分析的目的是尽可能精确地重现事故发生前的一系列场景。在引起事故的原因中，有很多因素都在起作用，因此重现这一过程并不容易。如果分析过程一步步系统地进行，则成功的概率会大增。

交通事故的发生是建立在人的行为、车辆、道路和环境特征的复杂关系的基础上，荷兰 MATAC（Manual Analysis of Traffic Accident Concentrations，交通事故多发点的人工分析）方法是一种有价值的工具。其目的是通过分析在道路某段发生的交通事故的共同特性找到改进道路设计的方法。这种方法是分析各独立位置和（或）短路段的事故密度的技术，目的是在进行改进的位置对事故特征的相似性得出结论。设计人员应清楚，使用 MATAC 方法需要一定的知识和技巧。它需要一般的事故特征、交通科学和交通行为的知识。

实践证明，MATAC 方法是进行黑点分析改善营运道路安全状况的有效工具。荷兰的有关交通安全评价研究表明，在实施了 MATCA 道路改善措施后，道路事故多发点、段的交通事故数平均减少了 32%。

8.3.1 MATAC方法的实质

对交通事故来说，往往有一种以上的产生原因。在发生事故之前，会出现一系列与交通事故有关或无关的事件。这一系列事件从公路使用者决定出行就开始了，如公路使用者会选择离开时间、运输方式和特定路线，然后其交通行为取决于心情、时间等诸如此类的事情。在最终导致事故的一系列事件中，通常被认为若采用不同的决策（如另一个出行时间、另一条出行路线、低速、未饮酒）就可能不会导致事故的发生。换言之，在事故发生的这个链条中的不同时刻存在着“偶然因素”。

MATAC方法主要以事故发生前的偶然因素为重点。

任何一个事故在发生前均存在着自己的事故链，因而都是唯一的。不同事故之间的链条也有一些相似性。下面列举的在一条弯路上发生的四个事故案例就说明了这一点。

事故1

John(36岁)睡过了头，错过了火车。他决定开车上班，但因交通拥堵、又快要迟到，他离开了高速公路，上了地方道路。尽管他不熟悉这条路，但他仍开得很快。他没有意识到一处急弯，而路面仍然很湿。他滑出了公路，撞在弯道外侧的树上，因严重受伤，被送到了医院。

事故2

Pete(20岁)开车参加一个聚会并喝了很多酒。聚会结束后，他送了他的朋友回家。给他朋友印象很深的是当时他的车速非常快。但他认为对这条路线很熟悉，可以开那么快。车厢里气氛很活跃，Pete的精力被分散了。由于反应变得迟缓、车速又高，当他看到急弯时已经太迟了，没来得及转弯。车撞到了树上，Pete和他其中的一个朋友不幸死亡。

事故3

Keith(54岁)年龄偏大一些。他的视力正在减弱，特别是在夜间和雨中更是如此。他对此很清楚，因而驾车时很小心。一天雨夜，他没有发现路上的弯路，撞在了树上。由于车速较低，除了受到惊吓外，没有受到其他伤害，从车里走了出来。

事故4

Catherine(42岁)是一个家用品的销售代表。同一天，她走访了几个客户，并已驾车行驶了350km。见到最后一个客户后，她想尽可能早点回家，以便从托儿所接孩子。她很累，但也很高兴，因为得到了几个大订单。在超车时，她回头看了看，脸上带着笑容。由于注意力不集中，她没有及时看到弯道。尽管用力制动，但还是撞到了树上，车体受了一些伤。

上述四个案例具有下列特点：

(1)每一起事故均是由一连串事件导致的，并各有其特点。

(2)在每一起事故中，每种因素都有作用，但并无一个很清晰的原因。

(3)在各事故中也有相似之处：所有四起事故都是发生在同一位置，弯道外侧的树受到了冲撞。

(4)在其中三起事故中，驾驶员车速过快；有两起事故后果很严重。

(5)其中有两起事故发生时公路路面潮湿，天气黑暗。

(6)其中有三起事故驾驶员注意力不集中。

在某一位置发生一系列交通事故的过程中，很可能有一个或多个因素是相同的，如表8-1所示。

事　故　表　　　　表 8-1

事故次数	1	2	3	4	5	6	7	8	9
日期									
时间		×							
伤亡严重			×	×	×		×		×
事故类型			×		×	×	×		
照明条件	×		×		×		×	×	
天气条件			×	×	×		×		×
路面状况		×	×		×		×	×	
公路使用者 1,性格	×		×		×			×	×
公路使用者 1,年龄		×				×	×	×	
公路使用者 1,动作			×	×			×		
公路使用者 2,性格		×			×			×	×
公路使用者 2,年龄	×	×					×		×
公路使用者 2,动作			×		×				

MATAC 方法的本质就是根据事故之间的相似性,为改进基础设施的设计或使用安全性找到出发点。

8.3.2　MATAC 方法的过程

MATAC 方法的核心在于一个连贯完整的分析过程:收集所有事故的数据资料——分析主要事故类型和事故特征——得出分析结论——假设事故原因——检验假设事故原因——确立事故原因——提出解决措施。在此过程中需要一定程度的交通事故特征、交通工程以及交通行为方面的知识和技能帮助进行分析。

MATAC 方法共分为七步,每一步均为独立操作。图 8-2 显示出了 MATAC 方法过程的各个步骤。

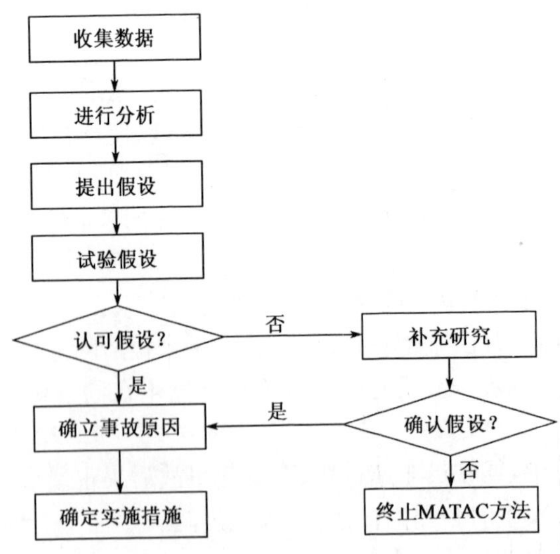

图 8-2　MATAC 方法步骤分解

(1)收集和整理数据

为适当地进行 MATAC 分析，首先要掌握道路黑点处交通事故的状况，因此收集和整理以下数据是必需的。

①事故数据。在开展研究前，必须要得到研究位置处前 3～5 年发生的所有事故的基本数据，以便了解位置环境及其他有意义的信息。

②交通数据。为在黑点处采取适当的措施，需要详细了解研究区内有关道路现有及未来的功能以及事故处的交通量、交通组成等。

③现场数据。需要现场平面图，比例最好为 1∶500。至少各交通设施的位置应表示出来，如果有居民的投诉记录或从警察(监控、速度检查)处得到的调查数据更好。在研究的后一阶段，可能需要一些补充数据，如交通行为方面的数据。

④其他数据。需要其他的相关事故数据，如车辆轨迹图，用图形对交通事故加以描述，并添加在位置图上表明事故的特点。

(2)分析

分析是 MATAC 过程的核心，其目的是通过分析在交通安全的众多影响因素中找到导致交通事故的主导原因。

首先要根据已取得的事故资料对某一道路事故多发点的交通事故进行分类，如车辆正面碰撞、追尾、剐擦、碰撞行人、碰撞路边固定物等。具体实施时应根据具体情况实际确定分类标准。然后分析每一类型事故的共同特性，如事故发生的时间、气候状况、交通环境等。接着要考虑确定每类交通事故的共同特性是否和交通事故有相关性，这些共件特征意味着什么，能得出什么推断。

(3)提出假设

在以上分析作出推断的基础上，要综合比较各种推断，因为这些推断有的是具有相关性的，而有的则是相矛盾的，而且还有可能不同类型的交通事故是由同一原因引起的，最后提出事故发生的假设原因。

(4)检验假设

为了检验上步所提出的交通事故假设原因，必须进行现场实地调查来检验假设和实际状况的相符合程度，同时在调查当中也可能发现其他在提出假设原因时并没有预见到的因素。

在实地现场要针对每一类型的交通事故的假设原因进行考察，要将所有积极的、消极的或认为对事故成因有一定相关性的发现进行记录。实地考察中还要注意以下几点：

①调查人员一定要亲临事故多发段现场，对周边交通环境如车速状况、车道分布、交叉口延误等进行观察。

②调查执行时不仅要在和交通事故发生时同样的时间、天气状况等条件下进行，还要选取其他不同时段进行，两者之间的差距有助于分析指出可能的事故原因。

③对事故多发点的公路使用者的交通行为也要进行密切观察。

④对事故多发点附近的居民进行采访调查也可以得到一些补充信息。

(5)补充调查研究

如果现场调查仍不能提供充分的证据，就要进行补充调查研究。

①收集更为详尽的事故资料，如研究交通警察的调查报告，或有条件时向事故当事人进行

调查。

②经常对事故多发点的公路使用者进行采访调查。

③开展对主要类型事故中交通行为的调查和研究，具体可以采用交通冲突技术和驾驶员操作模型进行分析。

④当补充调查仍不能提供足够的证据来支持假设时，说明该假设和事故发生不具有明显的相关性，MATAC分析过程就此结束。

(6)确立事故原因

如果现场调查提供了足够的证据证明MATAC所提出的假设，那么就可以得出每一种事故类型的原因。比较在现场调查中所取得的不同发现是很重要的，因为这些因素很有可能是相互补充或矛盾的。不同类型的事故有可能是同一种原因引起的，要根据现场调查的结果，分析从每种假设得出的因素之间的内在关系，最终确立事故的原因。

(7)提出解决措施

针对事故的原因提出解决措施，并对措施进行相应的评价，以证实其可行性。

8.4 安全改善措施的实施

8.4.1 营运公路的安全改善原则

(1)以人为本

以人为本最重要的是尊重生命、关爱生命。公路的安全改善要以满足人的出行需求，保障人的生命安全作为根本出发点，从安全改善措施的细微之处体现对人的关爱，体现人性化服务。

(2)系统性

系统工程是以复杂系统为研究对象，按照一定目的进行设计、开发、管理与控制，以达到整体效果最优的理论和方法。公路交通安全体系是一个由其内部要素集合而成，复杂开放、随机可控的大系统，实现公路交通的安全既需要内部诸多要素的整合协同，又会受到外部环境的制约。因此，进行公路安全改善必须具有系统性的眼光，立足整体，统筹全局，认真分析人、车、路之间的关系以及和外部环境之间的内在联系，综合采用经济、教育、政策法规、工程等多种手段。

(3)效能

安全问题的严峻性与资源的有限性，决定了必须以效能为原则来指导对安全改善措施的选择。道路交通安全渗透在道路交通全部过程的每一个环节，因此必须全面分析，找出问题的原因，进而采取有针对性的措施，同时还要针对实际情况重点选择具有可行性的对策。

效能原则要求我们对道路安全状况进行排序，使道路安全状况最为严峻的区域优先获得改善。对采取的安全改善措施也要进行优先排序，以便在资金有限的情况下，采用效益成本最佳的策略，避免为解决实际问题而采取并不是完全必要的过高投入。对已采取的措施和实际实施效果进行评价，对既有措施进行修正，从而形成一个决策—实施—决策的反馈系统，实现道路安全的持续性，避免所采取的措施未能解决实际问题。

(4)因地制宜

我国公路实际营运的环境、气候、交通因素以及地域文化不尽相同，为了有针对性地找到影响交通安全问题的原因，营运道路的安全改善一定要根据道路的实际营运安全状况，按照MATAC方法严格进行数据统计、原因分析和现场调研，结合财政状况采取适宜的安全改善措施。

(5)尊重自然、保护环境

公路安全体系的环境因素中包括自然环境，没有自然环境的和谐稳定就没有公路营运的安全。因此，在公路安全改善过程中，一定要尊重自然规律，建立人与自然相对平衡的关系，实现环境保护和安全治理并举，才能从根本做到公路交通的安全。

8.4.2 营运公路的安全改善措施

公路安全改善措施按其对象的范围和层次分为国家公路网安全改善措施、区域公路网安全改善措施和具体项目安全改善措施，由于面向对象的不同，其所采取的具体策略也不尽相同。

国家公路网安全所关心的是区域路网中各子区的道路安全状况；哪些子区的交通安全状况较为严重，应该采取什么类型的对策，为所辖子区进行道路安全改善时进行政策性指导。

具体到区域(如行政区、经济区)公路网安全改善，需要制订更详细、更具有针对性的改善计划。

而具体项目安全改善措施则是在路网系统确定了总体的战略和各子区确定了道路安全改善方案和资金方案后，针对某一具体项目如一条道路或一定区域内的道路，研究更具体、可实施的改善方案和措施。

(1)国家公路网的安全改善措施

国家公路网安全改善措施面向全国整个公路网的安全问题，其宗旨是制订安全改善战略，为区域和项目公路网改善制订战略，给予政策性指导。对于道路安全改善，主要是针对公路工程设施和交通条件，具体措施如下：

①将安全的理念和持续改进的思想贯穿于公路设计标准、规范的制订，公路设计、建设、维护和改造的过程中。

②在公路的设计阶段全面引进“道路安全审计”制度和程序，将公路的安全隐患降至最低限度。

③有计划地开展事故多发段的调查和治理工作。

④加大对交通工程设施的投入，提高道路安全水平。

(2)区域公路网的安全改善措施

区域公路网的安全改善措施是指针对所在区域公路网道路安全水平、环境等因素采取措施，实施改善措施的行为。通常，改善措施针对道路的平纵配合、行车视距、路面状况、交通工程设施和景观等多种影响公路安全的因素进行。区域公路网的改善措施分为日常改善、普通改善和重点改善。

①日常改善。对交通事故轻微的路段进行正常的道路安全设施维护，如标志、标线的正常维护和修补。

②普通改善。对交通事故经常发生的路线或路段沿线增设醒目的交通警示、警告标志，规范道路标线，对沿线影响交通安全的设施进行安全设计和改造。

③重点改善。对交通事故多发点进行道路行车条件、安全设施的改善，如局部道路集合指标的改变、交通隔离设施的增设、渠化交通、交叉立体化等。

(3)具体项目的安全改善对策

具体项目的安全改善也分日常改善、普通改善、重点改善三类。

①日常改善。针对项目范围内的道路标志、标线进行定时检查、维护，如交通标志会因各种原因的老化或损坏，需要进行定时维修。不同材料的道路标线有着不同的使用寿命，应及时补画。

②普通改善。针对容易引起交通事故或明显增加事故严重程度的设施进行安全化设计和改善，设置协调一致的标志和标线。

③重点改善。主要针对项目内事故多发点进行，因为是针对营运道路，因此在改善时，公路设计标准、路线平纵配合、交叉方式、横断面结构和桥梁、隧道等构造物方面由于经济和社会原因不宜再做变动，而能进行较大改善的只有视距、路侧净空、平面交叉口局部变动、路面状况、交通安全设施和沿线景观等方面。重点改善措施如下。

a. 视距改善。拆除违章建筑，清除影响视距的树木和岩石(图 8-3)。在事故多发位置设置警示标志，在路面上喷涂禁止超车线和减速标线，必要时设置紧急避让带。

b. 路侧净区改善。路侧净区的设计应体现宽容设计的理念，为驶离路面的车辆提供一个安全返回的空间，对于不满足要求的道路应进行改善(图 8-4)。

图 8-3　修建植被，清理边坡

图 8-4　拓展安全净空

c. 平交改善。其主要措施是根据路口交通量的情况对路口进行渠化设计，使交通流按照最小的交通冲突方式通过交叉口(图 8-5)。

d. 路表改善。其主要针对一些弯道，如在夏季时经常下雨、冬季时常积雪或有薄冰的地区，车辆行驶在弯道上会因横向摩擦力不足而引起侧滑最终导致翻车。在这些路段除了设置提示标志外，还可以通过路面切槽或铺设抗滑性较好的表面层来进行改善(图 8-6)。

e. 沿线交通设施改善。在急弯、交叉口、视线不良处设反光提示、警告标志(图 8-7)。

在弯道等处施画黄色标线和震动标线(图 8-8)。

图 8-5 交叉口渠化

图 8-6 路面减速设施

图 8-7 设置醒目的交通标志

图 8-8 视觉减速标线和震动标线

对于采用极限值设计的路段和不利线形组合的路段，要采取护栏、防撞墩等防护措施(图 8-9)。

在实际条件不允许进行弯道视距改善的弯道区域，可利用球面反光镜提高视距；在公路适当位置设置停车区为驾驶员提供休憩和观景的场所(图 8-10)。

f. 景观改善。公路沿线美丽的自然景观和不断变化的路面色彩能不断给予驾驶员以感官刺激，增加其驾驶兴趣，从而可以达到提高交通安全的效果。因此，可以从景观改善入手来改善交通安全，如根据实际情况在道路两边种植适宜的树木，在路面上喷涂不同的图案或提醒文字，在道路沿线景观单调的路段两侧设置人工景观图等。图 8-11 所示为彩色沥青路面。

图 8-9　路侧护栏

图 8-10　球面反光镜和观景区

图 8-11　彩色沥青路面

9　费用效益分析

费用效益分析(Cost-Benefit Analysis,简称 CBA),是通过对各个比较方案的全部预计费用和全部预期效益的现值进行比较,为决策者评价比较方案提供的一种方法。进行费用效益分析的指标主要有净现值(NPV)、内部收益率(IRR)、效益费用比(B/C)、费用现值(PV{费用})、年度等值费用(EAC)等。其中,净现值、内部收益率、效益费用比应用较为广泛。

在制订政策规划、确定预算、对投资方向进行排序和调整时,进行经济费用效益分析是必要的。费用效益分析还可以用来衡量不同行业领域的投资。本章主要讨论在实施一项道路安全改善措施或成套安全措施,以及对措施进行排序时,如何利用费用效益分析进行决策。需要注意的是,除了安全效益外,其他社会影响(如对机动性和环境的影响)也应被纳入费用效益分析,使其能够体现出一项投资的综合社会回报。

费用效果分析(CEA)与费用效益分析类似,可以被视为后者的简化。在交通安全设计及改善研究中,费用效果分析仅研究道路安全效果(如事故救助)和费用。与费用效益分析不同,费用效果分析的结果不能提供有关不同备选方案的社会回报信息,只能根据救助一名伤亡人员的费用来对比较方案进行评价。

实施费用效益分析或费用效果分析,通常包括以下步骤。

(1)确定比选方案。

(2)费用效益(或效果)的识别与计算。

(3)确定评价准则,进行费用效益(或效果)分析。

(4)进行不确定分析和风险分析。

以下针对公路安全项目如何实施费用效益分析进行详细介绍,并通过荷兰的案例进行说明。

9.1　确定比选方案

经济分析通常采用“有项目情况”与“无项目情况”(作为“基准情况”)对比的方法,简称“有无比较法”。“有项目情况”是指实施拟建项目后,将要发生的情况;“无项目情况”是指不实施拟建项目,将要发生的情况。

因此,在费用效益分析中,首先要确定一个或多个备选方案,以及基准方案(零方案)。备选方案由一项或多项道路安全改善措施构成。基准方案可以是自发的或现有策略的延续。对自发方案的评价应基于特定的研究,如机动性和人口统计学方面的趋势描述。通过确定基准方案和备选方案,能够将一项措施的影响与自发影响区分开来。

备选方案和基准方案应在有效实施的期间进行长期的对比,如 10 年、20 年或 30 年。应选择确定的时间段进行费用效益分析，描述备选方案在该时期内的发展情况，见图 9-1。

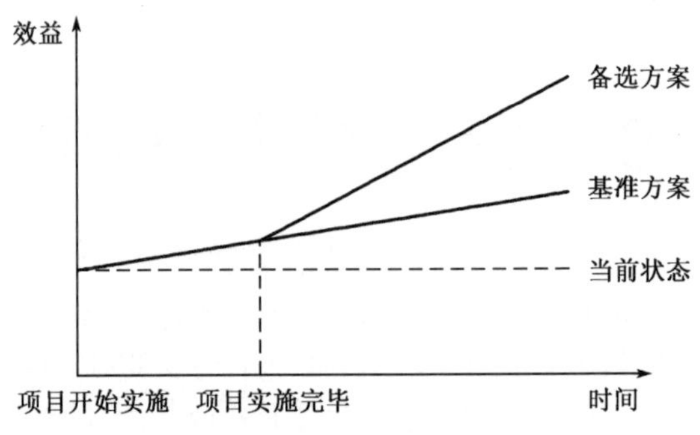

图 9-1　基准方案和备选方案

［案例］

交叉口改善项目(之一)

某市有五处四路交叉口，在三年内发生了 56 起交通事故：死亡事故 1 起、重伤事故 5 起、轻伤事故 10 起、轻微事故(仅有财产损失) 40 起。

假定死亡事故数每年增加 1%，可采取两项措施来预防事故：在每处交叉口安装交通信号灯或建造环形交叉口。安装交通信号灯：假定 15 年后信号灯必须更换，则评价期(有效期)是 15 年。建造四路环形交叉口：评价期(有效期)是 30 年。

考虑到环形交叉口的使用期限，选定 30 年作为评价期。这意味着应在 15 年后考虑信号灯的更换。

本案例中，基准方案为不采取任何道路安全措施，事故数每年增加 1%。

9.2　公路安全项目的费用和效益

在费用效益分析中，应尽可能全面地识别建设项目的直接与间接经济效益和费用，并遵循以下原则。

(1)增量分析原则。项目费用效益分析应建立在增量效益、增量费用识别和计算的基础之上，按照“有无对比”增量分析的原则，通过项目的实施效果与无项目情况下可能发生的情况进行对比分析，作为计算机会费用或增量效益的依据。

(2)考虑关联效果原则。应考虑项目可能产生的其他关联效应。

(3)项目费用效益识别的时间范围应足以包含项目所产生的全部重要费用和效益，而不应仅根据财务核算规定确定。

9.2.1　公路安全项目的费用

公路安全项目的费用通常包括两类：建设费用和运营费用。

(1)建设费用

建设费用包括基础设施费用、土地费用及其他费用，也被称为投资费用。

(2)运营费用

运行费用是指在设施运行期间发生的费用，可分为三类。

①更换费用：由于设施使用寿命比费用效益分析评价周期短，而必须发生的设施更换。

②养护费用：与基础设施紧密相关的费用。

③管理费用。

只有超过基准方案费用的额外部分，才被认为是备选方案中新增设施的费用。举例来说，现有设施的管理费用和养护费用是不计入备选方案费用的。如果一个方案由多项措施构成，那么必须考虑由于措施组合而带来的费用节省。

[案例]

交叉口改善项目(之二)

备选方案的费用组成如下，具体见表 9-1。

安装信号灯和建造环形交叉口的费用 表 9-1

项目	信号灯		环形交叉口	
	费用(欧元)	时间(年)	费用(欧元)	时间(年)
建设费用	1 000 000	1	2 000 000	1
更换费用	1 000 000	15	—	—
养护费用	30 000	1～30	—	—

安装信号灯：管理费用、15 年后的更换费用以及增加的养护费用。

建造环形交叉口：仅有管理费用，无更换费用。并且假定其养护费用与平面交叉口相同，因此与基准方案相比没有增加额外的养护费用。

9.2.2 公路安全项目的效益

在公路安全项目的效益分析中，应该辨别三类影响：安全、机动性和环境。安全影响包括有限的财产损失、医疗费用、劳动能力丧失、精神伤害、处理费用和交通阻塞费用。机动性影响包括出行时间和出行费用的改变。环境影响包括排放和噪声的变化。

项目的影响经常通过与基准方案比较的方式确定。在费用效益分析中，影响被称为效益，而该效益应具有正面或负面价值。一旦出现负面价值(如一项道路安全措施会引起事故数量上升或机动性降低)，就称其为“负效益”。但不推荐称其为“费用”，因为那样做会在计算费用—效益比时出现混淆。

在费用效益分析中，所有相关效益应尽可能量化。其中安全效益是指由于备选方案中一项或多项措施的实施，与基准方案相比减少的交通事故。这就需要以下信息：①拟改善路段当前事故数量；②在基准方案下，事故数量的增加或减少情况，如自发情况下的事故数量；③确定由于改善措施的实施，事故减少的百分比。

减少的百分比(事故折减系数)是通过实地观测得到的观测值，而不是理论计算的结果。通常，为获取某一安全改善措施的具体事故折减系数，首先需要选择适合于改善措施的试验地点。在试验地点完成改善措施后，该地点进入为期数年的事故观测期。完成观测期的事故数据统计之后，将该试验地点在安全措施实施前后的事故数据进行对比，或者将试验地点在改善措施实施后的事故数据与类似于试验地点的其他路段的事故数据进行比较，得出折减系数。采用折减系数方法，可以简单有效地进行公路安全改善的定量化研究。在我国还没有开始进行系统研究的情况下，可以借鉴国外已有的数据，并加以科学合理的修正，应用到实际项目中。通过不断地应用研究，对数据进行更进一步的更新完善。

表 9-2 给出了一些措施减少事故百分比的估计值。比例的上限和下限可以用来进行敏感性分析。对于同一地点采用多种改善措施的事故减少率为：

$$R_m = R_1 + (1-R_1)\times R_2 + \cdots + (1-R_1)\times(1-R_2)\times\cdots\times(1-R_{n-1})\times R_n \tag{9-1}$$

式中：R_m——同一地点多种改善措施总的事故减少率；

R_n——第 n 项改善措施的事故减少率；

n——同一地点实施改善措施的项数。

不同类型措施减少的事故数（荷兰） 表 9-2

安全措施	应用的内容		交通事故变化的百分比		
			低于 95%	最好的估计	高于 95%
建造环形交叉口	郊区 3 路交叉口		−45	−30	−5
	郊区 4 路交叉口		−50	−40	−30
事故多发点处置	单个事故多发点		−40	−30	−20
	连续多个事故多发点		−20	−10	0
独立的载货汽车车道	多车道公路保留		−30	−20	−10
安装新的信号灯	无照明道路	死亡事故	−75	−65	−50
		受伤事故	−33	−30	−25
升级信号灯	不符合标准的信号灯		−25	−15	−5
设置路肩隆声带	高速公路和汽车专用路		−45	−25	−5
改善行人交叉口	交叉口简单标记		−50	−35	−20
设置 30km/h 路段	支路（连接道路）限速较高		−30	−25	−20
枢纽限速	限速值从 80km/h 减至 70km/h		−10	−6	−2
	限速值从 80km/h 减至 60km/h		−15	−10	−5
推广白天的指示灯	对本辆车的固有影响		−25	−15	−5
	使用率增加 30%		−8	−5	−2
	使用率增加 60%		−15	−9	−3
推广后座安全带	对每个使用者的内在影响		−40	−25	−10
	使用率增加 30%		−12	−8	−3
	使用率增加 60%		−25	−15	−6

续上表

安全措施	应用的内容		交通事故变化的百分比		
			低于95%	最好的估计	高于95%
培训儿童行人	6～9岁儿童		−20	−10	−5
	9～12岁儿童		−30	−20	−10
安装高的制动灯	对每辆车的固有影响		−25	−15	−5
	使用率增加30%		−8	−5	−2
	使用率增加60%		−15	−9	−3
驾驶员一侧的气囊	对每个使用者的内在影响	系安全带	−25	−15	−5
		未系安全带	−35	−25	−15
	30%的车辆装备(70%系安全带)		−10	−6	−2
	60%的车辆装备(70%系安全带)		−20	−12	−4
临时驾照	对每个驾驶员的影响(2年)		−15	−10	−5
吊销酒后驾车者驾照	在吊销期间的影响		−50	−40	−30
通常的警察执法	最大的潜在效益		−40	−25	−10
	适度增加		−20	−10	0
自动执法	特定的道路和违法类型		−40	−25	−10

由于安全效益包括有限的财产损失、医疗费用、劳动能力丧失、精神伤害、处理费用和交通阻塞费用的变化，并与事故类型有关，需要区分死亡事故、重伤事故(住院)、轻伤事故(不住院)以及仅发生财产损失的事故。如果无法得到一项措施分别对不同类型事故减少的比例，那么就对各类事故均采用同一比例。

［案例］

交叉口改善项目(之三)

假设安装交通信号后将减少20%的交通事故，建造环形交叉口后将减少40%的交通事故，并假设各类事故减少的比例相同。

为了评估项目的安全影响，首先应计算基准方案在分析期内每年交通事故的数量。假定方案实施前一年发生19起事故(56起事故/3年)。第一年，事故减少系数是1.01(1%)，第二年是1.01^2，以此类推，第十年是1.01^{10}，因此估算第十年的事故数为$1.9 \div 1.01^{10} = 17$(全部)。而死亡事故、受伤事故(重伤、轻伤)、财产损失事故的比例假定不变。

若采取第一方案——安装交通信号灯，事故将减少20%。第一年，可减少$0.20 \times 19 = 4$起事故；第十年减少$0.20 \times 17 = 3$起交通事故。

修建环形交叉口可以减少40%的事故。因此，第一年可减少$0.40 \times 19 = 7$起事故；第十年减少$0.40 \times 17 = 7$起交通事故(全部)。

9.2.3 效益的货币化

在费用效益分析中，将所有效益尽可能以货币形式表示，称之为货币化。通过货币化转换为同一单位后，各类效益之间、效益与费用之间可以进行比较。安全效益的货币值由因事故减少而节约的社会费用构成，包括下述各类社会事故费用节约。

(1)医疗费用。由对伤亡人员的治疗产生，如治疗、康复、药品以及心理障碍调节。

(2)劳动能力丧失。由于受伤引起的暂时性或永久性机能丧失以及由于死亡导致的劳动力完全丧失。

(3)财产损失。包括对车辆、道路和路侧设施的损坏。

(4)处理费用。解决碰撞及消防、警察、法院、保险等机构产生的费用。

(5)事故伤亡人员及其家人生活质量的损失。这被称为“人的费用”或“人的损失”。痛苦、疼痛、悲伤、丧失生活的乐趣等均是非物质费用。

曾有研究对14个欧洲国家道路安全费用的确定方式予以了广泛的比较研究(Alfaro et al, 1994)。在许多国家，通过这种费用分类方式，对一年内发生的所有事故的费用进行估算。以Elvik (2000)和Trawén et al(2002)对国际道路安全费用概况的研究为例，估算一个国家道路交通事故的总费用，通常采用计算每类事故费用的方式，然后将事故减少的数量与每起事故(节约)的费用相乘，得出道路安全措施的效益。

在欧洲，“百万欧元方法”是常用的简化方法。该方法是将总的道路交通事故费用除以死亡交通事故数，得到每起死亡事故的费用。例如，1995年欧洲交通事故的总费用为1 620亿欧元，同年死亡事故45 000起，每起死亡事故的费用为360万欧元(包含了非死亡事故和财产损失事故的费用)。理论上应使用准确的数据，但如果不能得到准确数据，只能使用较为粗略的估算值。2005年，这一数字上升为440万欧元。

当使用百万欧元方法时，只需知道安全措施减少的死亡事故数。然而，该方法是有局限的，因为它假定一项措施减少死亡事故、受伤事故和财产损失事故的比例相同。实际上，某些措施主要预防死亡事故，而另外一些措施更多地与受伤及财产损失事故有关。

[案例]

交叉口改善项目(之四)

假定无法得到每类事故的费用，只能使用百万欧元方法。为了以货币形式计算可选方案每年的效益，可以将减少的事故数量与每起死亡事故的总费用相乘。在本案例中，每起死亡事故的费用计为440万欧元。

安装信号灯第一年的效益是0.07(减少的事故数)×440＝29万欧元；第十年是26万欧元。建造环形交叉口的效益较高：第一年是57万欧元，第十年是52万欧元。由于事故数的自然减少，第十年的效益要低一些。

9.3 费用效益分析

如果特定期间(分析期内)的费用和所有效益的货币价值已经确定，就可以进行费用效益分析。

首先，采用折现率将费用和效益折现到费用效益分析期的基年。折现反映了时间对效益的影响。费用和效益发生得越早，权重越大；发生得越晚，权重越小。经过折现，可以对实施于不同期间的措施，进行相互间的比较。所谓折现，就是将发生于第 t 年的费用或效益除以系数 $(1+r)^t$，这里 r 是折现率。在政府项目中，应首选官方规定的折现率。根据我国国家发展改革委员会和建设部联合发布的《建设项目经济评价方法与参数(第三版)》，社会折现率为 8%；对于收益期长的建设项目，如果远期效益较大，效益实现的风险较小，社会折现率可适当降低，但不应低于 6%。对折现后的费用或效益求和，就得出了通常所说的费用或效益现值。可用式(9-2)计算可选方案费用的现值：

$$PVC=\frac{C_1}{(1+r)^1}+\frac{C_2}{(1+r)^2}+\frac{C_3}{(1+r)^3}+\cdots+\frac{C_T}{(1+r)^T}=\sum_{t=0}^{T}\frac{C_t}{(1+r)^t} \tag{9-2}$$

式中：PVC——费用现值；

C_t——可选方案在第 t 年的费用。

同样，也可计算出效益的现值。

通常可采用净现值(NPV)和效益费用比(BCR)，作为衡量道路安全措施社会回报的指标。所谓净现值，即道路安全措施的效益现值和费用现值之差；所谓效益费用比，即一个项目的总效益现值与总费用现值的比值，也可以用年度等值效益与年度等值费用的比值来表示。

$$NPV=\sum_{t=0}^{n}P_t=\sum_{t=0}^{n}\frac{B_t-C_t}{(1+r)^t} \tag{9-3}$$

式中：B_t、C_t——分别表示第 t 年的效益和费用。

如果净现值为正值或者效益费用比大于 1，则认为该项方案是可行的。基于这些指标，可以对一项措施或多项措施进行比较。净现值和效益费用比越高，方案越可行。这些指标也可以用于比较投向公路安全的投资或用于其他政策领域的投资，比较投资在社会回报方面的差异。

对于投资较多的大型公路安全改善项目，通常还需要采用内部收益率(IRR)指标进行费用效益分析。所谓内部收益率，是指净现值为零时的折现率，即满足式(9-4)中的 r 值。

$$\sum_{t=0}^{n}\frac{B_t-C_t}{(1+r)^t}=0 \tag{9-4}$$

一般地，若内部收益率大于最低可接受的收益率，则认为该方案是可以采纳的；反之，则认为该方案是不值得采纳的。若有两个或两个以上项目的内部收益率均大于最低可接受的收益率，则应选择其中具有最大内部收益率值的项目。

在许多情况下，净现值法与内部收益率法将得出一致的结论，但在某些情况下，这两种方法将产生相互冲突的结论。当出现冲突时，就表明不同的项目或方案对折现率有不同的敏感性，即当 r 增加时，其净现值必然以不同的速率下降。特别是对于分析期间效益出现较迟的项目或方案，其效益所占的比例越大，则净现值对折现率的变化就越敏感。在这种情况下，进行项目决策应更为审慎(图 9-2)。

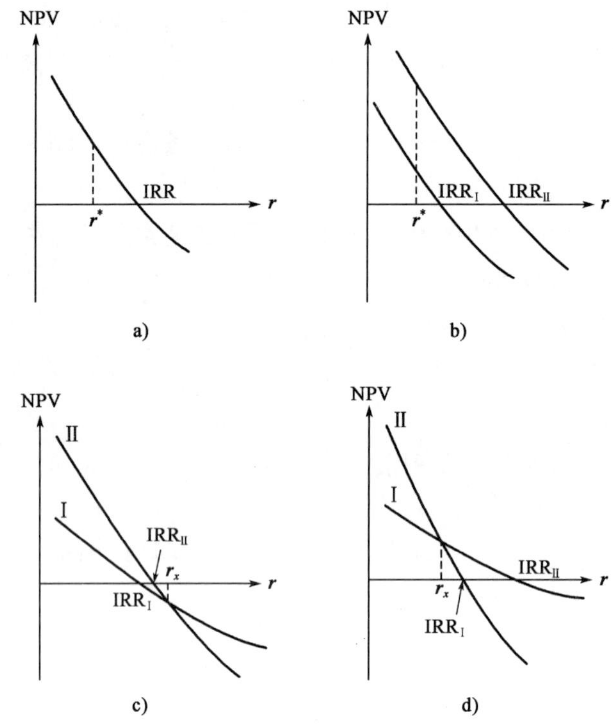

图 9-2　净现值法与内部收益率法的比较

a)不冲突；b)不冲突；c)不冲突；d)可能冲突

9.4　费用效果分析

费用效果分析应遵循多方案比选的原则，所分析的项目应满足以下条件：

(1)备选方案不少于两个，且为互斥方案或可转化为互斥型的方案。

(2)备选方案应具有共同的目标，目标不同的方案不可进行比较。

(3)备选方案的费用应能货币化。

(4)效果应采用同一货币计量单位衡量，如有多个效果，应对其指标加权处理形成单一综合指标。

(5)备选方案应具有可比的寿命周期。

与费用效益分析类似，费用效果分析应按下列步骤进行。

(1)确定项目目标。

(2)构想和建立备选方案。

(3)将项目目标转化为具体的可量化的效果指标。

(4)识别费用与效果，并估算各个备选方案的费用与效果。

(5)利用相关指标，综合比较各个方案的优缺点。

(6)推荐最佳方案或提出优先采用的次序。

[案例]

交叉口改善项目(之五)

采用5%的折现率,计算出各可选方案的费用、效益现值,以及净现值和效益费用比。表9-3给出了两个备选方案总的费用效益现值。从表中可以看出,备选方案的净现值都为正值,同样效益费用比都大于1。这表明两个可选方案的效益都超过其费用,均会产生积极的社会回报。但建造环形交叉口是首选方案,因为该方案的效益费用比较高(3.3对1.3),净现值也是同样(550万对100万欧元)。作为提醒,其他影响(特别是假定为正的机动性和环境影响)的货币价值在费用效益分析中也应正常考虑,并且这些影响在表9-3中标示为"pm"。

安装交通信号灯和建造环形交叉口的费用效益(单位:百万欧元)　　表9-3

项　目		交通信号灯	环形交叉口
费用	建设费用	1.0	2.4
	更换费用	1.0	—
	养护费用	0.9	—
	总费用	2.9	2.4
效益	安全	3.9	7.9
	机动性	pm	pm
	环保	pm	pm
净现值(NPV)		1.0	5.5
效益费用比(BCR)		1.3	3.3

前述有关费用效益分析中措施费用的计算方法,也适用于费用效果分析。费用效果分析还可采用下列基本方法。

(1)最小费用法,也称固定效果法,即在效果相同的条件下,应选取费用最小的备选方案。

(2)最大效果法,也称固定费用法,即在费用相同的条件下,应选取效果最大的备选方案。

(3)增量分析法,即当效果与费用均不固定,且分别具有较大幅度的差别时,应比较两个备选方案之间的费用差额和效果差额,分析获得增量效果所付出的增量费用是否值得,不可盲目选择。

对于费用效果分析,应注意考虑的是特定路段总的伤亡人数,而不是伤亡事故数。不同类型的事故(死亡、受伤、仅有财产损失)具有不同的权重。为了计算道路安全的效益,权重必须量化。现在有不同的计算模型指标和参数。两个不同参数甚至相差2倍或3倍。如丧失生活品质、疼痛、忧伤等都是难以量化的。根据已有的研究,重伤和死亡事故的社会费用比财产损失事故的社会费用高出数百倍。在荷兰,推荐以下参数:死亡事故为10;受伤事故并须住院为5;其他受伤事故为3;仅有财产损失的事故为1;如果仅能获得有限的事故数据,那么所有受伤事故都采用相同的参数5。

9.5 敏感性分析

进行费用效益分析和计算时，其数据也许不够准确，这可能是由于数据的来源本身的可靠性造成的，也可能来自于预测和估算的数据。另外，与效益费用有关的外界因素不能保证不发生变化，这就给项目的经济分析带来了不确定性。为了更好地作出项目决策，需在决策之前做好敏感性分析，以便决策者了解项目风险的大小。

所谓敏感性分析，是指在影响一个方案效果的诸多不确定性因素中，测定其对此方案效果产生显著影响的一个或几个因素的一种分析方法。具体可以通过检验上述结果对不确定性因素的敏感性来实现。不确定性因素包括对影响和费用的估计、影响的价值等。在敏感性分析中，计算社会回报变化可以降低或提高用于计算道路安全影响的比例，也可以降低或提高折现率。

由于敏感性分析在一定程度上带有主观性和猜测性，因此表现出有一定的局限性。当不确定因素的敏感性很高时，应进一步通过风险分析，判断其发生的可能性及对项目的影响程度。

10 教育和执法

可持续的交通安全理念是一种防患于未然、积极主动的安全策略。人、车、路及环境之间的相互协调是实现公路交通安全的基础，要实现这几种要素之间的协调，必须使整个系统遵循一定的规则和秩序，处在有序的组织中。

英国通过对产生交通事故的主要原因进行分析，得出结论：人的因素占事故数的95%；道路因素占事故数的18%；车辆因素占事故数的6%。可见，人的交通行为往往是引起交通事故的主要原因，而人的交通行为又受到个体的学识、观察能力、判断能力、情绪、注意力和个人喜好等一系列社会属性和生理心理特性的影响，是复杂的、难以精确预测的。因此，在整个可持续安全的交通系统下作为核心的人的因素是最难控制和预测的，如何长期影响和规范人的交通行为是较具挑战的工作。可以从工程、教育和执法三个方面来引导规范公路使用者的交通行为。在工程方面通过良好、统一、人性化的公路设计可以为驾驶员提供良好的行车环境，从而降低事故概率，这在前面的章节已经详尽论述，本章将从教育和执法的角度来解决安全问题。工程、教育和执法三者的综合实施组成了可持续安全的完整体系。

10.1 教 育

10.1.1 交通安全教育的主体及作用

交通安全教育是面向全社会的公共事业，社会成员都有参与和支持交通安全教育的义务。以下是参与交通安全教育的主体及其各自的功能和作用。

(1)政府机构。交通安全教育作为一项公共事业，是政府部门的重要职责，需要政府的重视和支持。

(2)交通部门。交通部门负责加强车辆营运管理和安全教育。

(3)交警部门。交警部门负责执法和传播、讲解交通法规。

(4)社会组织。我国工会、社区等社会组织对交通安全教育活动、组织和安全教育信息的传播起着积极作用，应当进一步发挥民间组织的作用。

(5)媒体。媒体起着舆论导向和公共监督的作用，同时也是交通安全教育信息传播的媒介。

(6)教育机构。学校教育是整个交通安全教育的基础，学校担负着培养学生安全意识和社会公德的责任。

(7)驾驶培训考核机构。驾驶培训考核机构直接关系到驾驶员的驾驶水平和安全意识，要严把教学和考核质量关。

(8)群众。广大人民群众既是交通安全教育的对象,同时也是交通安全教育的主体。每个公民如能在实际行动中遵守交通规则,加强安全意识,将有利于全社会安全氛围的形成。

10.1.2 交通安全教育的形式

交通安全教育是一项长期工作,需要贯穿于社会的各个年龄段、阶层和职业群体,其主要形式如下。

(1)家庭教育

家庭是教育的最初阶段,家长应当给予儿童最基本的交通安全常识教育,如红灯停、绿灯行等知识,加强儿童的安全意识。同时家长还要以身作则,率先遵守交通规则,形成对子女的榜样示范作用。

(2)学校教育

学校交通安全教育既是学生的基础教育内容之一,也是整个交通安全教育的基础,这是因为:①学生人数多,可塑性较大;②学生使用道路、交通工具的机会比较多,容易发生意外;③施教容易,经济有效;④成果显著,影响深远。

图 10-1 学生交通安全教育教材

交通安全教育应当是学校基础必修课程的一部分,课堂教学应教授学生有关的交通信号、交通标志和交通法规知识。在我国,中小学生采用自行车上下学的较多,应安排专门的自行车安全驾驶方面的指导(图 10-1)。

(3)驾驶员培训和考核

驾驶员素质培训对于公路交通安全至关重要。在我国现有条件下,发生交通事故的责任约 80%归属于驾驶员,超过其他国家 30%左右的比例。驾驶员素质的高低,直接影响了行车的安全性。

驾驶学校要对未来的道路驾驶员提供驾驶理论和实践以及交通法规的学习,使其掌握驾驶技能,加强安全驾驶观念。

驾驶考核应严格按照《中华人民共和国机动车驾驶证管理办法》和《中华人民共和国机动车驾驶员培训管理规定》执行,严格培训、考核,把不适合驾驶的人员排除。

进一步规范已取得驾驶资格的驾驶员的行为。切实加强交通安全教育和交通事故肇事相关法律法规的宣传与教育,常抓不懈且注重实效。强制驾驶员佩戴安全带,推广记分卡制度。对从事危险品运输和客运的驾驶员,进行专门的运输安全培训与考核,严格执行安全驾驶各项规定,以保证货物和人员的安全。对农用机动车、摩托车的驾驶员也应适当采取以上措施,保证安全行车。

(4)社会教育

全社会形成良好的交通安全文化氛围是做好交通安全工作的关键,也是搞好交通安全工作的保证,因此,开展长效机制的交通安全教育宣传活动是有重要意义的。

开展交通安全教育宣传活动的目的是提高公众的安全意识,通过各种传播媒体进行交通安全宣传活动，加强群众法律教育、道德教育，使其深刻理解交通安全的内涵，进而形成良好的安全道德观念，在全社会构成一个安全和谐的社会环境，最终体现在日常的交通行为中，从而使公路秩序井然，降低交通事故，保证安全营运（图 10-2）。

图 10-2 交通安全教育宣传活动

交通安全教育活动实施所采取的形式是多样的，主要有以下几种，也可以几种综合进行。

（1）通过电视节目，针对在道路上的不文明、不安全违规行为以及交警对于这些行为采取的惩罚措施进行专题报道。

（2）通过电视、报纸、广播、网络等媒介的公益广告，展示不遵守交通规则所带来的一系列恶果，提醒人们遵守交通法规。

（3）在公共场所设置交通安全公益宣传广告，公路上布设如“请勿酒后驾车”等公益交通标志。

（4）举行交通安全讲座和学习班。

（5）与交通执法部门协作，进行“交通安全月”活动，加强群众安全意识。

为了保障交通安全宣传教育的有效性，开展交通安全宣传教育活动需要注意以下几点：

（1）差异性。交通安全教育活动应当充分考虑到地区和区域文化、经济、社会状况的差距，不能照搬照抄。

（2）针对性。鉴于公路使用者群体的差异性，交通安全宣传教育活动首先要确定目标人群，针对不同年龄、不同阶层的公路使用者，采用不同的方式。

（3）普遍性。实践证明只有针对最普遍的违规行为进行教育，取得的效果才最明显。

（4）适应性。安全教育宣传活动的具体形式要适应实际情况，具有可行性。

10.2 执　　法

执法在可持续的道路安全体系中起着重要的作用。由于人们往往有意或无意地忘记或挑战交通法规，因此有必要对公路使用者的交通行为进行监控，并对违反交通法规的行为给予一定处罚。

交通执法的目的是使公路使用者意识到其在道路上违反交通法规的行为会受到惩罚，从而减少交通违规行为的发生。图 10-3 所示为荷兰路侧墙壁上画的警车，以起到警示作用。

如何把法律在文字上的规定落实到公路使用者的实际交通行为中是交通执法的关键，这个过程涉及以下几个重要环节。

（1）健全交通法规

交通法规是治理交通安全、保证交通安全、正确处理交通参与者之间关系的重要依据，同时也是交通参与者的行动指南。法规条例只有是合理的、可行的，才能达到公路使用者严格遵守的效果。一套完善合理的法律和规则需要包含三个要素：①交通法规必须适应于道路实际运行状况;②交通法规必须清晰明确地规定公路上禁止的交通行为;③交通法规必须合理,便于实际执行。

因此,加强立法,完善交通管理法规,做到有法可依是交通安全管理法制建设的首要任务。

(2)严格实施交通法规

应建立一套比较严格的措施和手段来保证交通法规的实施效力,着重加强路面巡逻。交通警察要严格执法,违章必纠,努力提高执法水平,切实执行驾驶员行车违章记分制度。

(3)与交通安全教育相结合

严格交通执法的目的不是为惩罚而执法,而是为了提醒驾驶员,培养其安全意识,进而减少不良交通行为,降低安全隐患。因此,交通执法必须与交通安全教育相结合,如在交通安全教育宣传活动中应当配合相当力度的交通执法来达到提醒驾驶员传播交通安全知识的作用(图 10-4)。

图 10-3　荷兰路侧墙壁上画的警车

图 10-4　安全教育与执法

参考文献

[1] 交通运输部. 2009中国道路运输发展报告. 北京:人民交通出版社,2010.

[2] 公安部交通管理局. 中华人民共和国道路交通事故统计年报(2003～2009). 北京:公安部交通管理局,2004～2010.

[3] Margie Peden, Richard Scurfield, David Sleet. 世界预防道路交通伤害报告. 刘光远译. 北京:人民卫生出版社,2004.

[4] 交通运输部公路科学研究院. 中国道路交通安全蓝皮书(2006～2010). 北京:人民交通出版社,2007～2010.

[5] World Bank, the Dutch Ministry of Transport Public Works and Water Management. Sustainable Safe Road Design——a Practical Manual. Amsterdam: DHV Environment and Transportation,2005.

[6] 中华人民共和国行业标准 公路工程技术标准(JTG B01—2003). 北京:人民交通出版社,2003.

[7] 中华人民共和国行业标准 公路路线设计规范(JTG D20—2006). 北京:人民交通出版社,2006.

[8] 中华人民共和国行业标准 公路路基设计规范(JTG D30—2004). 北京:人民交通出版社,2004.

[9] 中华人民共和国行业标准 高速公路交通工程及沿线设施设计通用规范(JTG D80—2006). 北京:人民交通出版社,2006.

[10] 中华人民共和国行业标准 公路交通安全设施设计规范(JTG D81—2006). 北京:人民交通出版社,2006.

[11] 中华人民共和国行业标准 公路交通安全设施设计细则(JTG/T D81—2006). 北京:人民交通出版社,2006.

[12] 交通部公路司. 新理念——公路设计指南. 北京:人民交通出版社,2005.

[13] 何勇,唐琤琤,包左军,等. 道路交通安全技术. 北京:人民交通出版社,2008 .

[14] American Association of State Highway and Transportation Officials. A Policy on Geometric Design of Highway and streets. Forth Edition. Washington D. C. :AASHTO,2001.

[15] American Association of State Highway and Transportation Officials. Roadside Design Guide. Washington D. C. :AASHTO,2002.

[16] B·Φ·巴布可夫. 道路条件与交通安全. 景天然,杨家琪译. 上海:同济大学出版社,1990.

[17] 高海龙,李长城,等. 路侧安全设计指南. 北京:人民交通出版社,2008.

[18] 孙蕊,贺玉龙,孙小端,等. 美国的路侧解体消能设施设计. 道路交通与安全,2006,(4):34-37.

[19] 陈乐生,游宏,李永江,等. 山区一般公路路侧危险度划分方法研究. 公路,2005,(11):159-163.

[20] 陈胜营,等. 公路设计指南. 北京:人民交通出版社,2000.

[21] 刘伯莹,姚祖康. 公路设计工程师手册. 北京:人民交通出版社,2004 .

[22] 张树升,唐有君. 道路工程经济与管理. 北京:人民交通出版社,1991.

[23] 广东粤赣高速公路有限公司,交通运输部公路科学研究院. 高速公路安全设计和安全运营技术研究报告. 北京:交通运输部公路科学研究院,2008 .